로봇
시대
살아남기

로봇 시대 살아남기

지은이 염규현
펴낸이 임상진
펴낸곳 (주)넥서스

초판 1쇄 발행 2023년 4월 5일
초판 5쇄 발행 2023년 5월 18일

출판신고 1992년 4월 3일 제311-2002-2호
주소 10880 경기도 파주시 지목로 5 (신촌동)
전화 (02)330-5500 팩스 (02)330-5555

ISBN 979-11-6683-505-6 03900

www.nexusbook.com

포에니 전쟁부터 미중 갈등까지 세계사로 보는 로봇 시대 이야기

로봇
시대
살아남기

염규현 지음

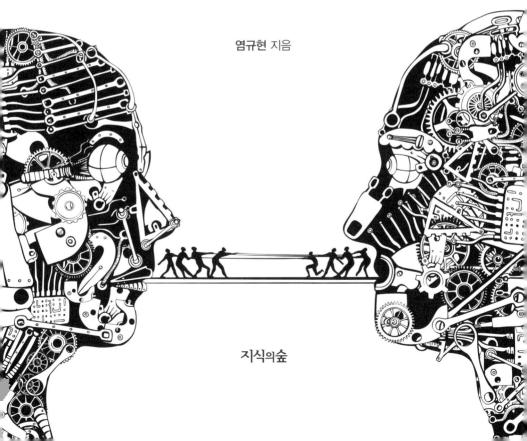

지식의숲

길잡이

$$\text{여는 말}$$

21세기를 열어젖힌 세계화, 그리고 전쟁

내가 대입 수능을 치르던 시기인 2001년 11월, 중국이 세계무역기구에 가입했다. 1970년대 개혁 개방 이후, 급격한 경제성장을 해오던 중국이 본격적으로 세계 시장의 문을 두드리는 순간이었다. 이것은 일대 사건이었다. '세계의 공장' 중국이 서구 중심의 시장 질서에 편입된다는 의미이기도 했다. 거칠 것이 없었다. 프랜시스 후쿠야마 스탠퍼드대 교수의 말처럼 자본주의 체제는 진화의 최종 단계 같아 보였고, 세계화는 기정사실로 받아들여졌다. 세계화와 글로벌 경쟁은 필수 요소처럼 여겨지며 대학 시절 내내 나를 지배했고, 학부 때 경영학을 전공했던 나의 관심사도 자연스럽게 국제경영 분야로 옮아갔던 것 같다.

미국 주도의 강고한 세계 질서를 흔드는 것은 불가능해 보였다. 물론, 이걸 흔들려는 시도가 아주 없었던 것은 아니다. '알카에다'로 대표되는 이슬람 무장 단체들은 테러를 통해 이런 질서에 저항하려 했으나 이내 가혹하게 진압됐다. 미국은 '테러와의 전쟁'을 선포하며 '군히기'를 시도했고, 이후 전

9.11 테러 때 공격당한 미국 뉴욕 세계무역센터 건물

선을 넓혀 이라크 침공까지 감행했다. 공교롭게도 '테러와의 전쟁'의 시발점이 된 '9.11테러'도 중국이 세계 무대에 진출하던 2001년에 일어났다. 그렇게 지구별의 21세기는 본격적인 세계화, 그리고 세계화를 주도하던 미국의 전쟁과 함께 시작되었다.

돌이켜보면 그것은 '반세계화와의 전쟁'이기도 했다. 마치 유도 경기에서 굳히기 기술로 상대를 옴짝달싹할 수 없게 만들듯이, 이미 단단하게 자세를 잡고 세를 확장해나가던 '세계화'의 풍경은 지구상 단일 패권국가 미국의 강력한 힘에 깔려 있는 듯 보였다. 그럴 때마다 미국은 매번 알몸으로 힘자랑을 하지는 않았다. 대개는 국제법과 국제정치라는 껍데기를 도복처럼 두르고 있었다. 그 거대한 실체와 껍데기는 마치 한 몸처럼 움직였다. 국제경제

체제가 하나의 동전이라면 시장 논리는 앞면이었고, 국제법과 국제정치는 뒷면이었다.

'동전'의 앞면만 살펴보던 경영학도로서 뒷면도 좀 더 자세히 알고 싶어졌다. 뒤늦게 외무고시반에 들어가 3년이나 있으면서 졸업을 늦춰가며 '외교통상학'을 연계 전공하게 된 이유 중 하나였다. 세계화는 모든 학문 분야를 방사선처럼 관통하고 있었다. 경영학에서 다국적 기업의 글로벌 팽창과 국제경영이 화두였다면, 뒤늦게 뛰어든 국제법 분야에서는 국제통상법의 비중이 점점 높아지고 있었다. 세계무역기구의 분쟁을 규율하는 이른바 'WTO법'은 복잡했지만 꼭 알아야 하는 것이었고, 시쳇말로 먹히는 분야였다. 나는 그렇게 세계화에 피폭된 '동전'을 탐구하다 언론인이 되었다.

어느 날 자고 일어나니 세계화가 증발했다

그 후로 10년, 세상이 요동치기 시작했다. 내가 바라봤던 세상이 흔들리기 시작했다. 그러면서 데이비드 리카도가 지하에서 통곡할 일들이 벌어졌다. 2016년 전후 오바마 행정부 시절부터 미국은 이른바 '리쇼어링'이라고 불리는 자국 공장 유치를 위한 노력을 시작했고, 전략 중심축을 아시아로 옮기며 본격적인 중국 견제에 나섰다. 변하지 않을 것이라 생각했던 세계화와 자유무역의 질서는 어느새 교과서에서나 보던 보호무역 질서로 바뀌었고, 기업인 출신의 트럼프 전 미국 대통령 시기에 와서는 미국과 중국의 갈등 앞에 '무역 전쟁'이라는 서늘한 수식어까지 붙고 말았다. 트럼프는 대놓고 다른 나라 기업의 공장을 자기네 땅에 지으라고 강요하기까지 했다. 미국이 자유무역 군히기에 쓰던 힘을 보호무역 군히기에 쓰기 시작한 것이다. 우리 기업들은 미국에 공장을 짓기 시작했고, 미국 땅 안에서 발생한 거래에는 더 이상 무역이라는 말을 붙일 수 없게 되었다. 이제 WTO법 따위가 중요한 게 아니었다. 탈퇴하면 그만이니까. 실제로, 트럼프는 세계 무역기구에서 탈퇴하겠다는 말까지 내뱉고 있었다. 법보다 말이, 말보다 힘이 앞서는 보호무역의 시대가 왔다.

나는 엉뚱한 시험 범위를 밤새워 공부한 수험생처럼 혼란스러웠다. 내가 학부 시절 그토록 천착했던 세계화는 어디로 증발했을까. 내가 알고 있던 그 '동전'이 완전히 달라진 것이다. 그동안 쌓은 지식이 더 이상 쓸모없는 지식이 되어가고 있다는 생각까지 들자 억울한 마음이 슬며시 치밀었다. 어디서부터 잘못된 걸까. 나는 왜 지금 흔들리는가.

내가 초등학생이던 1990년대, 미국이 '걸프전'에서 CNN을 통해 폭격 장면을 생중계하며 세계에 자신의 슈퍼 파워를 과시한 이후, 미국의 패권이 흔들린 적은 없었다. 돌이켜보니, 내가 나고 자라면서 사회에 진출하는 20여 년 동안 내가 마시던 '공기'가 크게 달라진 적이 없었던 것이다. 미국 주도의 세계 질서를 흔히 '팍스 아메리카나(Pax Americana)'라고들 표현하는데, 그러고 보니 나는 '네이티브 팍스 아메리카나(Native Pax Americana) 세대'였다. 유독 영어 스트레스가 컸던 세대, 세계화를 주입받은 세대, 한편으로는 앞선 세대들이 쌓아놓은 고도성장의 과실을 누리며 큰 고민 없이 평화롭게 성장할 수 있었던 세대. 그러면서도 새로운 것을 만들어내려고 하기보다는

도널드 트럼프 전 미국 대통령

앞서가는 누군가를 빠르게 따라잡는 데 특화된 세대. 리더가 아닌 팔로워가 익숙한 세대.

하루아침에 달라지는 세상을 보며 내가 억울한 생각이 들었던 것은 단순히 대학 생활 8년의 경험과 지식을 부정당했기 때문만이 아니라, 이처럼 나의 수십 년 인생 전체를 관통하던 세계관이 흔들렸기 때문이기도 했던 것이다. 미래 예측에 실패한 자아의 넋두리였다. 내가 다시 그 시절로 돌아간다면 나는 어떤 선택을 했어야 했을까? 혹시, 앞으로 달라질 미래에도 제대로 대응하지 못해 같은 실수를 반복하게 되는 건 아닐까? 그래서, 미래를 말하고 싶었다.

탈세계화, 그리고 인공지능 그리고 코로나19 이후엔?

트럼프가 국경 담장을 높이고, WTO 탈퇴를 말하던 무렵 대학원에서 다시 공부를 시작했다. 이민자가 새로운 나라에 적응하듯 나는 그렇게 다가올 새로운 세상을 더듬어보려고 했다. 다시는 시험 범위를 헷갈린 학생 같은 후회를 반복하지 않기 위해, 이번에는 미래 관련 서적들과 연구들도 능력이 닿는 범위 내에서는 가까이하려고 애썼다. 그러면서 다가올 미래에 대한 고민도 함께해보겠다고 다짐했다. 이 책에는 이렇게 새로운 세상에 적응하려 했던 '지식 이민자'의 고민들이 담겨 있다.

공교롭게도 오바마가 '리쇼어링'을 외치던 2016년은 알파고가 이세돌 9단을 이긴 해이기도 했고, '4차 산업혁명'이라는 말이 스위스 다보스 포럼에서 처음 등장한 해이기도 했다. 이제 막 퇴근 준비를 하려는 세계화와 손뼉을 마주치며, 근무 교대를 하듯 '로봇과 인공지능'으로 대표되는 세상이 우리 앞에 모습을 드러낸 것이다. 그래서 미래를 탐색하는 과정에서 '로봇 시대'는 빼놓을 수 없는 화두였다. 거기에 2019년에는 인류가 직면한 적이 없는 코로나19까지 찾아오면서 변화의 속도는 더 빨라졌고, 사회적 거리두기를 통해 인간들이 격리된 틈을 타 '로봇 시대'는 도둑처럼 이미 우리 곁에 찾아와 있다. 로봇 시대의 연원을 짚어보면서 세계화의 확산과 쇠퇴, 전염병이 인류에 미친 영향까지 살펴보지 않을 수 없었던 이유다.

≪로봇 시대 살아남기≫를 내면서

지난 2021년 가을, 고정 출연하고 있는 MBC FM4U 〈굿모닝FM 장성규입니다〉라는 라디오 프로그램에서 다가올 미래에 대한 고민을 콘텐츠로 다뤄 달라는 청취자의 요청을 받고, 그간 고민해오던 내용들 중 일부를 몇 차례에 걸쳐 청취자들과 나눌 수 있는 기회가 있었다. 이후, 관련 내용을 토크 콘서트나 학교 강연, 블로그 등을 통해 간간이 소개한 적은 있지만 방송이든 강연이든 시간이 한정돼 있기는 마찬가지여서 한두 시간 안에 고민했던 내용을 모두 소개할 수는 없었다. 가뜩이나 '투 머치 토커'인 나로서는 답답한 마음도 없지 않았는데, 이번에 방송이나 강연에서 소개했던 내용과 그간 미처 소개하지 못한 내용까지 함께 묶어 책으로 내게 되었다.

이 책을 내면서 섣부른 통찰이나 추측을 억지로 가져오진 않을까 항상 경계했다. 빠르게 변화하는 세상을 스틸 컷으로 담아내야 하는 데에 따른 부담감이 컸던 탓이다. 실제로, 이 책을 집필하는 1년 동안 '챗GPT'로 대표되는 생성형 AI는 이제 우리의 삶 자체를 바꿔놓는 단계까지 진화했다. 아무리 업데이트를 열심히 해도 놓치는 부분이 생길 수 있다는 걱정이 들었다.

그래서, 부족한 부분은 저널리스트 출신으로서의 장점을 살려 메워보자는 마음을 먹었다. 농업적 근면성을 발휘해 많은 전문가들의 의견을 꾹꾹 눌러 담으려 노력했던 이유다. 의견보다는 팩트를, 인사이트보다는 인포메이션을 생산한다는 마음가짐으로 공부하고 집필했다. 또, 과거는 미래를 비추는 거울이라는 신념을 갖고, 미래 예측의 단서는 가급적 역사적 교훈에서 찾으려고 노력했다. 이렇게 정리한 것들 중에는 내 생각도 있고 남의 생각도 있다. 후자의 경우에는 직접 만나서 들은 것도 있고, 책을 통해 간접적으로 소화한 내용도 있다. 어떤 경우든 그런 내용들은 출처를 밝혀두었다.

미래에 대한 고민을 책으로 엮는다고 생각하니 이번에는 독자들 생각이 났다. 누가 이 책을 많이 읽게 될까? 어쩌면 이 내용은 사회 초년생이나 학생들에게 더 필요할지 모른다는 생각이 들었고, 그래서 가급적 쉽게 쓰려고 노력했다. 다양한 세대가 함께 볼 수 있는 책. 가볍게 읽을 수 있지만 결코 가볍지 않은 책을 쓰고 싶었다. 가볍지 않은 내용을 쉽게 쓰도록 교육받은 방송기자 경험 십수 년이 쉬운 글쓰기를 하는 데는 도움이 되었던 것 같다.

《태백산맥》을 쓴 조정래 작가는 예전에 한 언론과의 인터뷰에서 글을 쓸 때 "형틀 의자에 앉는 것 같았다"며, 창작의 고통을 토로한 적이 있다. 나는 여기에 하나를 더 보탠다. 글을 쓰는 동안 '알몸으로 형틀 의자에 앉는 기분'이었다고. 아무리 거인의 어깨에 올라탄다 한들 결국 글에는 나의 생각, 마음의 속살이 가감 없이 드러날 수밖에 없다고 생각하니, 창작의 고통과 함께 부끄러움도 밀려온 탓이었다. 그나마, 다행인 점은 내가 묶여 있던 형틀 의자가 청계산이 한눈에 보이는 경치 좋은 곳에 있었다는 것이다. 지난 1년간 매주 주말마다 집 근처 도서관에서 바라본 청계산의 사계절은 작가 초년병에게 큰 위안이 되었고, 폭염과 비바람, 한파가 몰아쳐도 매일 우직하게 자리를 지키고 있는 자연의 모습에서 글을 쓸 인내와 용기도 동시에 얻을 수 있었다.

방송을 듣고 출간 요청을 해주고, 응원해주신 굿모닝FM 라디오 청취자분들, 유튜브 '딩딩대학'의 구독자분들, 그리고 책을 낼 수 있는 기회를 주셔서 '투 머치 토커'의 한을 풀어주신 넥서스 출판사에 진심으로 감사드린다.

끝으로, 사랑하는 부모님과 장인, 장모님을 비롯한 가족들에게 감사하다는 마음을 전하고 싶다. 특히, 매주 주말 형틀 의자로 출근하는 동안 함께 도서관에서 '옥바라지'를 해준 아내 은지와 딸 하윤, 아들 태선에게도 깊은 감사의 마음을 전한다.

2023년 3월

청계산이 보이는 내곡동 도서관에서

전염병과 노예, 로봇의 상관관계

전염병이 사라지니 무엇이 귀해졌을까?
천연두와 아즈텍 제국, 비극의 시작
코로나19와 노예의 탄생

1부

전염병과 노예, 로봇의
상관관계

아니, 로봇 시대의 미래를 이야기한다고 해놓고, 갑자기 첫 장부터 전염병 이야기는 왜 나오는 거지? 그리고 또 노예는 뭐지? 제목만 보고 이런 의문을 가지실 분이 계실지도 모르겠습니다. 제가 그 이유를 설명해드리기 위해, 지금부터 퀴즈를 하나 내볼게요. 이게 언제 나온 뉴스인지 맞춰보세요.

"마스크를 쓰지 않으면 대중교통을 이용할 수 없습니다."
"자칫하면 폐렴으로 발전할 수 있으며, 심할 경우 사망에 이르게 됩니다."
"병상이 모자라 임시 병상을 개설했습니다."

너무 쉽나요? 이거 코로나19 관련 뉴스 같다는 생각이 들지 않으세요? 혹시, 그렇게 생각하셨다면 '땡!'입니다. 자, 제가 방금 소개해드린 뉴스들, 비교적 최근에 나온 뉴스가 아니에요. 이 뉴스들은 바로, 무려 100여 년 전에 미국에서 나왔던 것들입니다. 아니, 이게 그 옛날 미국 뉴스라고요? 놀라셨을 분들도 계시겠지만 미국과 유럽을 중심으로 전 세계로 확산했던 '스페인 독감'이 창궐했던 1918년에서 1919년 사이에 나온 당시 뉴스들을 제가 일부 가져와본 것입니다.[1]

당시 우리나라에서는 일제 강점기 3.1운동이 일어날 무렵이었어요. 어떤가요? 2020년에 나온 뉴스랑 별 차이가 없는 것 같죠? 스페인 독감은 지금보다 속도는 느렸지만 당시에도 전 세계를 강타했었습니다. 바꿔 말하면, 우리 인류 앞에 얼추 100년 만에 비슷한 상황이 재현된 겁니다.

역사를 돌이켜보면 이렇게 인류는 주기적으로 전염병과의 사투를 벌여왔습니다. 전염병에서 이긴 적도 있고, 크게 진 적도 있는데요. 그 사례들 중 일부를 지금부터 하나씩 살펴보려고 합니다. 문제는 이렇게 인류를 힘들게 만든 전염병이 전염병 하나로 끝나지 않았다는 점입니다. 수많은 인명 피해를 일으키면서 인류에게 큰 흔적을 남기고, 크게는 역사의 흐름까지 바꿔놓는 경우도 많았는데요. 지금부터 우리는 지금과 비슷했던 과거의 상황을 살펴보려고 합니다. 과거에 큰 전염병이 지나간 이후에 어떤 변화가 있었는지를 살펴보면, 코로나19 이후 인류가 맞게 될 미래를 예측하는 데도 어느 정도 도움이 되지 않을까요? 그리고, 혹시나 있을지 모를 변화에 좀 더 쉽게 적응할 수 있지는 않을까요?

이걸 생각해보기 위해서는 일단 과거에 무슨 일들이 일어났었는지부터 살펴봐야 할 텐데요. 앞서 살펴본 옛날 기사들, 얼핏 보면 지금이랑 비슷해 보이지만 좀 더 자세히 뜯어보면 지금과는 크게 다른 점도 숨어 있습니다.

과연 100년 전과 지금, 무엇이 같고 무엇이 다를까요? 과거 전염병의 역사는 21세기를 사는 우리 인류에게는 어떤 교훈을 줄까요? 그리고 결정적으로 그 변화는 이 책의 제목에 등장한 '로봇 시대'와는 어떤 관련성이 있을까요? 미래를 예측하는 어쩌면 가장 쉬운 방법. 역사 속에서 지금부터 그 단서를 찾아보겠습니다. 이걸 위해 지금부터 잠시 시간 여행을 떠나볼까요?

전염병이 사라지니
무엇이 귀해졌을까?

　지금부터 잠시 눈을 감고, 1918년 여름, 프랑스로 시간 여행을 가보겠습니다. 무엇이 떠오르시나요? 파리의 에펠탑? 모나리자가 있는 루브르 박물관? 빨간 풍차의 물랑 루즈? 혹시 머릿속에서 이런 것들이 떠올랐나요? 아니면 혹시 갓 구운 크루아상과 커피 같은 맛있는 음식이 떠올랐나요? 자, 다시 다시. 잠깐 눈을 떠보세요. 방금 떠오른 그런 것들은 모두 지워주세요. 우리는 지금 그런 낭만적인 여행을 하러 온 것이 아닙니다. 지금 우리는 상당히 심각한 얘기를 하려고 하거든요.

1918년 프랑스의 숲속에서 시작된 것

다시 눈을 감고 1918년 프랑스로 가보죠. 부슬부슬 비가 내리는 숲속을 한번 상상해보세요. 여러분은 지금 프랑스의 한 숲속을 지나고 있습니다. 멀리서 무슨 소리가 들리지 않나요? 일단 계속 가봅시다. 숲속을 지나가니 저 멀리 커다란 구덩이가 하나 보이는 것 같네요. 구덩이 안에 사람들도 있는 것 같습니다. 상상하셨나요? 가뜩이나 으스스한데, 비까지 내리니 축축하기까지 합니다. 옷은 쩍쩍 달라붙고, 너무 찝찝해서 빨리 샤워하고 싶은 생각도 드는 것 같고요. 그럼 이제 그 구덩이 안으로 한번 들어가봅시다. 들어가자마자 발이 진흙탕에 푹푹 빠지네요. 구덩이 안에는 빗물이 그대로 고여 있어요. 최악입니다.

제1차 세계대전 당시 참호

혹시 무슨 소리 안 들리세요? 자, 이번에는 잠시 숨을 죽이고 그 구덩이 안에서 들리는 소리에 집중해볼까요? 아까 들었던 소리가 좀 더 가까워졌습니다. 멀리서 들리는 이 소리가 무슨 소리 같나요? 피-융. 피-융. 혹시 총소리가 들리진 않나요? 헉, 자세히 들어보니 어딘가에서 누군가의 비명 소리도 들리는 것만 같습니다.

여기는 어디일까요? 여러분이 여행 온 이곳은 전쟁터 한복판입니다. 우리는 지금 제1차 세계대전의 현장 한가운데에 와 있습니다. 자, 여러분이 있는 구덩이 주변을 둘러보세요. 이제, 병사들이 보이나요? 아까 모여 있던 사람들은 전투에 나선 군인들이었네요. 지금 여러분이 와 있는 곳은 독일군과 대치하고 있는 연합군 진영 참호 속입니다. 적과 대치하면서 안전을 지키기 위해 파놓은 구덩이를 참호라고 부르는데요. 우리는 지금 참호 속에서 군인들과 함께 있는 거예요.

참호는 영어로 트렌치(Trench)라고 불러요. 여기서 그럼 퀴즈 하나! 참호에서 입는 코트는 뭐라고 부를까요? 참호가 영어로 트렌치니까 무슨 코트겠어요? 눈치채셨나요? 트렌치에서 입는 코트니까 당연히 트렌치코트라고 부르겠죠? 조금 전에 살펴본 대로 땅을 파고 만든 참호는 배수 시설이 제대로 되지 않았다고 해요. 그러니까 어땠겠어요? 발은 푹푹 빠지지, 비 오면 옷은 젖지. 전투를 제대로 할 수 있었겠어요? 더구나 몸이 젖으면 체온이 급격히 떨어지잖아요. 참호에서는 추위와의 싸움도 피할 수 없었던 거죠. 그래서, 영국군은 계급이 높은 군인들에게 우비를 지급했고요. 군사용 우비니까 계급장을 달 수 있게 어깨에 끈도 달리고, 각종 군사 장비를 달기 쉽도록 허

제1차 세계대전 당시 트렌치코트를 입은 장교

리끈도 달린 거죠. 그렇게 시작된 옷이 트렌치코트이고요. 이게 나중에 패션 아이템이 되기도 했죠.[2]

자, 이제 다시 조금 전의 참호로 돌아와서 주변을 한번 둘러보세요. 뭔가 이상한 점이 보이지 않나요? 트렌치코트를 입고 있는 장교나 병사들 몸 상태가 좀 이상해 보이지 않아요? 다들 몸을 으슬으슬 떨고 있고요. 쿨럭쿨럭 기침도 하고 있습니다. 다들 아파 보이네요.

제1차 세계대전은 한마디로 '지긋지긋한 참호전의 연속'이었습니다. 길면 한 달도 넘게 물구덩이로 변한 참호에서 버텨야 했다고 전해집니다. 상상만 해도 불편한데, 실제 그 속에서 목숨까지 걸고 싸워야 했던 군인들은 어

제1차 세계대전 때 프랑스 참호에서 잡힌 쥐들

떤 심정이었을까요? 그게 끝이 아니었습니다. 참호 속에서는 들끓는 쥐들과
도 함께해야 했어요. 게다가, 전쟁 중에 전우가 죽기라도 하면, 전우의 시신
과 함께 참호에 있어야 하는 경우도 있었습니다. 생각해보세요. 씻지도 못
해. 먹지도 못해. 제대로 자지도 못해. 게다가 축축하고, 쥐 떼까지. 어떤가
요? 이런 환경, 오히려 전염병이 안 생기는 게 이상하지 않나요?

스페인 독감, 전 세계를 강타하다

바로, 이 전염병의 정체. 스페인 독감입니다. 처음엔 그냥 감기인 줄 알았겠죠. 그러다가, 갑자기 죽는 병사들도 생겨나게 되고요. 그렇게 그해 여름을 거치며 전장 곳곳으로 스페인 독감은 퍼져나갑니다. 같은 해 11월에 독일이 항복하고 제1차 세계대전은 끝이 납니다. 자, 미국, 영국, 프랑스 등 각국에서 모였던 연합군 병사들, 전쟁이 끝나면 어디로 갔겠어요? 다 집으로 돌아갔겠죠? 그런데 이 병사들 집에 갈 때 혼자 갔을까요? 참호 속에서 창궐했던 바이러스들. 얘네들 다 데리고 집으로 갔겠죠? 즉, 바이러스와 함께 복귀한 겁니다. 스페인 독감의 기원에 대해서는 여러 학설이 분분하지만, 스페인 독감은 제1차 세계대전의 참상 속에 바로 이 전선의 참호에서부터 전 세계로 본격적으로 퍼졌을 것으로 추정되고 있습니다.[3]

스페인 독감 명칭의 유래는?

당시 제차 세계대전 참전국들은 병사들의 사기 저하나 민심 동요 등을 우려해서 스페인 독감 소식을 제대로 알리지 않았다고 하죠. 지금 전시 상태인데, 사기 떨어지게 "우리 군에서 전염병이 돌아요" 이럴 순 없잖아요. 보도를 통제했던 거죠. 그런데, 스페인은 중립을 지키고 있어서 전쟁을 피할 수 있었어요. 그러니까, 언론에서 그대로 쓴 거예요. "지금 독감이 난리입니다." "사람들 막 죽어나갑니다." 유럽이나 미국 사람들이 볼 때는 '우리나라는 조용한데, 스페인에서 난리가 났네' 이렇게 보였던 거고요. 그래서, '스페인 독감'이

미국 캔자스 주 포트 라일리 캠프 펀스톤 병원 병동에 수용된 스페인 독감에 걸린 병사들

라고 부르던 게 굳어졌다고 합니다. 스페인 입장에선 약간 억울할 수도 있는 대목인데요. 그래서, 혹자는 이걸 미국 독감 혹은 프랑스 독감이라고 해야 하는 거 아니냐고 주장하기도 합니다. 그런데, 워낙 많이 알려지고 해서 그냥 다들 스페니시 플루, 스페인 독감 이렇게 부르는데요. 엄밀히 말하면 별명인 것이고요. 주요 학술지에서는 1918년 인플루엔자로 부르는 게 일반적입니다.

스페인 독감, 무시무시했어요. 그리고, 삽시간에 퍼졌습니다. 일단 걸리면 고열과 인후통으로 시작하다가 폐렴이 되고, 중증이 되면 숨지기도 하는 질병이었어요. 어? 이거 어디서 많이 들어본 것 같지 않나요? 우리가 겪었던 코로나19랑 굉장히 비슷하죠? 그런데, 치명률은 훨씬 높았습니다. 미국에서는 첫 환자가 발생한 지 한 달 만에 미군 2만 4,000명이 숨졌고요. 미국 전체로도 60만 명이 이상이 사망한 걸로 전해집니다. 삼일운동이 일어났던 1919년 무렵엔 영국서 15만 명이 죽었어요. 당시 일본의 식민지였던 조선에도 740만 명이 감염돼 14만 명 넘게 숨진 걸로 알려져 있습니다. 당시 우리는 무오년이어서 무오년 독감이라고도 불렀고요. 이 무렵 백범 김구 선생님도 임시 정부 활동 중에 스페인 독감에 걸려 고생했다는 기록이 ≪백범일지≫에 나옵니다.[4]

당시엔 스페인을 한자로 '서반아'라고 했기 때문에 ≪백범일지≫에도 "서반아 감기에 걸렸다" 이런 표현이 나옵니다. 김구 선생님이 평생 병원 안 가는 체질이셨다는데, 유일하게 이때 병원에 가셨다고 적혀 있어요. 당시엔 의료 기술이나 영양 상태가 지금보다 떨어진 상황이었을 테니까 더 많은 사람

1918년 12월 미국 적십자사가 나눠준 천 마스크를 착용한 시애틀 경찰

들이 희생된 건데요. 계속 사망자가 늘어서 결국 이 스페인 독감으로만 전세계에서 5,000만 명가량 숨진 걸로 추정되고 있습니다. 사망자 수 집계나 사망원인 조사가 지금만큼 정밀하지 않던 시절이기 때문에 스페인 독감으로 인한 사망자를 최대 1억 명까지 추산하는 학자도 있습니다. 아무튼 확실한 건 그 끔찍하고 잔혹했던 제1차 세계대전보다도, 더 많은 사람들이 스페인 독감으로 숨졌다는 거예요. 제1차 세계대전 사망자 수는 1,900만 명 정도였거든요. 전쟁보다도 오히려 독감이 더 무서운 상황이었던 거예요.[5]

필라델피아 공장에서 벌어진 일들

20세기 최초의 팬데믹이었던 1918년 인플루엔자, 이른바 스페인 독감은 이듬해 4월에 소멸되는데요.[6] 바로, 여기에서부터 중요한 변화가 생깁니다. 자, 이걸 알기 위해서 이번에는 미국 필라델피아 주로 가볼 건데요. 다시 눈을 감고 프랑스에서 미국 필라델피아로 이동해볼까요? 당시, 필라델피아는 스페인 독감의 피해를 특히 많이 입었던 지역이었습니다. 21세기에 접어들면서는 중국이 세계의 공장을 자처했지만, 20세기 초만 해도 필라델피아가 '세계의 공장'이었던 곳입니다. 많은 물건들을 만들어냈던 공업 도시였어요.

공장이 많은 곳은 어때요? 그만큼 노동자들도 많고, 젊은 층이 몰릴 수밖에 없잖아요. 그런데도, 방역은 뉴욕 같은 곳들에 비해 상대적으로 소홀히 했다고 합니다. 제1차 세계대전 참전 군인 환영 퍼레이드도 열었고요. 스페

1918년 미국 필라델피아의 리버티론 퍼레이드 장면

인 독감을 좀 우습게 봤던 거죠. 당시 시가행진에만 시민 수십만 명이 몰렸다고 합니다.[7]

결과는 어떻게 됐을까요? 뉴욕 주 같은 경우에는 사회적 거리두기를 선제적으로 하면서 인구 10만 명당 450명 정도의 사망자가 나왔었다고 하는데요.[8] 필라델피아 주의 경우 10만 명당 748명이나 숨졌다고 해요. 뉴욕보다 사망자가 1.7배나 많죠? 전염병을 얕보고 방역을 소홀히 한 비용을 톡톡히 치른 거죠.[9]

더구나, 우리가 겪었던 코로나19의 경우에는 사실 젊은 층보다는 고령자, 기저 질환자 등의 고위험군의 사망률이 높았잖아요. 그런데, 스페인 독감은 당시 20대부터 40대 사이 청장년층 사망자도 꽤 많았거든요. 심지어, 1918

년 인플루엔자 사망자의 절반 정도가 20대와 30대라는 분석이 있을 정도니까요. 그러니까, 상대적으로 미국 필라델피아에서도 지금보다 젊은 층이 더 많이 사망할 수밖에 없었던 거죠.

스페인 독감이 사라지고 난 뒤, 1920년 미국에는 심각한 불황이 찾아오는데요. 그때, 필라델피아는 특히 심각했다고 해요. 단순히, 경제 지표뿐 아니라 결혼율, 출산율, 기대 수명까지 동시 다발적으로 떨어지면서 도시 전체가 침체에 빠지게 됩니다. 코로나19가 한창이던 2020년에도 우리나라는 거리두기를 일찌감치 한 반면, 유럽은 느슨하게 방역을 하다가 우리보다 사망자도 많았고, 경제적 타격도 더 컸잖아요. 이와 비슷한 상황이 벌어졌다고도 볼 수 있는 거죠.

가뜩이나 노동자들이 많았던 '세계의 공장'에서 한창 일할 사람들이 질병으로 하나둘 사라지니 어떤 일이 벌어졌을까요? 자, 필라델피아의 공장주인 입장에서는 공장을 돌리려면 당연히 직원이 필요할 것 아니겠어요? 그런데 직원 구하기가 쉬웠을까요? 당연히 한창 일할 사람들이 전염병으로 인해 줄어들었으니까 직원 구하기는 힘들었겠죠? 건강했던 청장년들이 많이 사망했으니까요. 그러면 어떻게 해야 여기서 직원들을 더 모을 수 있겠어요? 이런 상황이 벌어지지 않았을까요?

필라델피아 공장

직원 : 사장님, 큰일 났습니다. 신입사원을 모집해도 사람이 모자라네요.

사장 : 제대로 공고 낸 거 맞아?

직원 : 공고는 제대로 냈습니다.

사장 : 왜 이렇게 지원자가 부족한 거지?

직원 : 전쟁과 전염병으로 젊은이들이 많이 죽어서 부족한 것 같습니다.

사장 : 할 수 없지. 그럼 월급이라도 더 올려서 다시 공고 내보자고.

자, 이런 식이라면 청년들의 몸값은 그만큼 올라갔겠죠? 실제로, 임금의 변화가 나타나기 시작합니다. 임금이 치솟았습니다. 사람이 귀해지면서 월급을 올려주기 시작한 겁니다.

미국의 경우에 1900년부터 1915년까지 제조업 시급은 15센트에서 21센트로, 6센트 오르는 데 그쳤어요. 그러니까 20세기의 첫 15년은 시간당 6센트 정도 임금이 오른 거예요. 그런데, 스페인 독감이 지나간 1915년부터 1921년 사이에 임금은 얼마나 올랐을까요? 필라델피아 공장의 사장님들이 직원을 더 모집하기 위해 경쟁적으로 임금을 올리면서 1915년 당시 21센트였던 미국 제조업 시급은 스페인 독감을 거치면서 5년 뒤인 1920년에는 무려 57센트까지 올랐습니다. 2.7배, 거의 3배 가까이 뛴 겁니다. 이미 제1차 세계대전 때문에 젊은이들이 다 전쟁터로 가서 일할 사람이 부족한 상태였는데, 스페인 독감은 그런 인력 부족을 가속화시켰고, 자연스럽게 수요와 공급의 법칙에 의해 임금이 올라간 거죠.[10]

임금이 올라도 부족한 인력은 채워지지 않았습니다. 임금을 올려줄 여력이 없는 공장은 여전히 인력 부족에 시달리지 않았겠어요? 그래서, 여성들도 사회에 진출하기 시작합니다. 전쟁이 끝나서 이제는 남자들이 돌아오나 싶었는데 스페인 독감으로 대거 사망하니까 결국 그 빈자리를 여성들이 채우게 된 거죠. 지금이야 여성이 일하는 게 당연한 것이지만 그 당시에는 그렇지 않았으니까요. 이렇게 여성의 사회 참여가 늘기 시작하니까 당연히 여성의 권익도 올라가게 됩니다. 1920년 미국에서 여성에게 처음으로 투표할 수

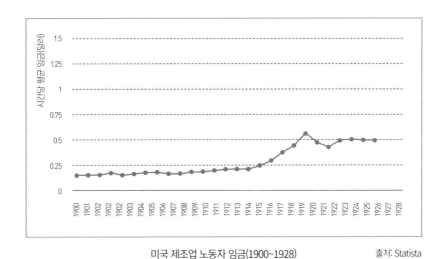

미국 제조업 노동자 임금(1900~1928)   출처: Statista

시간당 0.25달러를 밑돌던 미국 제조업 노동자들의 시간당 임금은 제1차 세계대전과 스페인 독감을 거치면서 2배 이상 급상승하게 됩니다.

1부. 전업병과 노예, 로봇의 상관관계

있는 권리, 참정권이 부여됐는데요.[11] 이것도 여성의 사회 진출과 무관치 않다는 분석이 있습니다. 여성들이 밖에서 일하면 집안일을 도와줄 누군가가 필요하지 않겠어요? 이 무렵에 가사 노동을 도와줄 냉장고도 개발되고요. 전염병으로 인해 촉발된 인구 구조 변화가 노동시장 변화로, 또 사회 변화로, 기술 변화로 쉴 새 없이 영향을 주고받으며 맞물려 간 거죠.

프랑스의 한 참호에서 쿨럭쿨럭 시작된 기침이 전 세계로 번지면서 단순히 환자들만 늘린 게 아니라 세계 역사를 막 흔드는 기운이 느껴지시나요? 공장 노동자들의 임금도 팍팍 늘고, 여성의 권익도 올라가고.

무서운 전염병이 지나가고 달라진 것. 자, 여기서 우리가 뽑아낼 수 있는 특징은 뭘까요? 바로, 사람이 귀해졌다는 거죠. 스페인 독감이 지나간 뒤엔 사람이 귀해졌습니다. 그럼 이런 현상이 스페인 독감 때만 나타났던 걸까요?

중세 유럽을 강타한 흑사병이 남긴 것

이건 중세 유럽에서도 마찬가지였습니다. 사실, 지금부터 이야기할 이 전염병에 비하면 사실 스페인 독감은 아무것도 아닙니다. 명함도 못 내밀어요. 중세 시대 유럽인들을 공포에 떨게 한 이 질병, 뭘까요? 힌트 하나 드릴까요? 힌트는 바로 쥐. 이제 눈치채셨나요? 바로, 이 전염병의 이름은 영어로는 페스트. 우리말로 흑사병입니다. 흑사병은 한자를 뜯어보면 검을 흑(黑)에 죽을 사(死)를 써서, 말 그대로 검은 죽음의 병이에요. 열이 나고 전신에 이상을

유럽을 강타한 흑사병을 묘사한 피테르 브뢰헬의 <죽음의 승리>

보이면서 피가 응고되고, 검게 변하다가 죽는 정말로 무서운 전염병입니다.

14세기 중세 유럽을 강타한 흑사병은 당시 최소 1억 명의 목숨을 앗아간 걸로 추정됩니다. 스페인 독감보다 훨씬 많죠. 이걸 단순히 사망자 수로만 비교해서도 안 되는데요. 당시에는 인구가 더 적었잖아요. 그러니까, 인구 비중으로 따져보면 정말 많은 사람들이 희생된 겁니다. 당시 유럽 인구의 3분의 1 정도가 희생됐다고 하니까요.[12] 가족이나 친구 3명 중 1명이 사망했다고 생각하면 그 충격은 어땠을까요? 얼마나 큰 참상이 벌어졌을지 상상조차 잘 안 됩니다.

자, 그럼 이번에도 한번 제가 질문을 해보겠습니다. 지금 상황, 조금 전 살펴본 스페인 독감 때랑 구조가 똑같습니다. 이렇게 많은 사람이 사라지면 사람의 몸값은 어떻게 됐을까요? 스페인 독감 때는 사람이 귀해지면서 임금이 올라갔죠? 여기도 비슷하게 흘러갔습니다. 스페인 독감 때는 공장에서 일할 노동자들이 줄어들면서 제조업 노동자들의 임금이 올랐지만 흑사병이 창궐한 중세 유럽은 산업 혁명이 일어나기 전이었잖아요. 농업 사회였습니다. 그러니까 정확히 말하면 흑사병 당시에는 농사지을 사람이 크게 줄었습니다.

당시에는 농노라고 불리는 농사짓는 노예를 귀족들이 부리는 이른바 장원 경제 구조였거든요. 원래 노예는 보통은 힘이 없잖아요. 농노들은 귀족이 시키는 대로 일하는 존재였으니까요. 그런데, 이렇게 농사짓는 농노들이 질

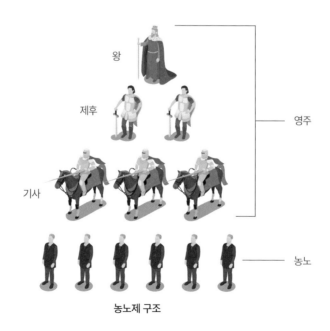

농노제 구조

병으로 인해 줄어들면 어떤 일이 벌어졌을까요? 일할 사람이 부족해지니 누구의 입김이 더 세졌겠어요?

건물주가 상가나 건물을 아무리 많이 갖고 있어도 꼬박꼬박 임대료를 받을 때 힘이 생기는 거지, 그냥 텅 비워두면 아무 소용이 없잖아요. 이와 마찬가지로, 귀족들이 농지가 아무리 많으면 뭐 해요? 농사지어줄 농민들이 부족해지면 아무 소용이 없었겠죠? 그러니까 당연히 농민들, 당시 농노라고 불리는 하층 농민의 지위가 올라가게 됩니다. 아까 미국에서는 스페인 독감 이후 제조업 시급이 2배 늘지 않았습니까? 자, 그럼 흑사병 이후, 농민들 임금은 얼마나 늘었을까요?

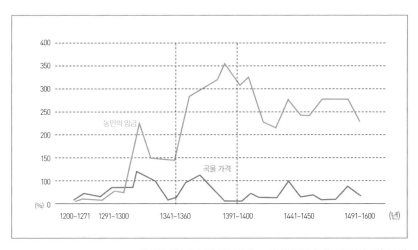

흑사병 이후 농민의 임금 변화　　출처: 2007년 대학수학능력시험(세계사)

중세 유럽에서는 1340년대 중반부터 흑사병이 발생해 1353년 무렵까지 이어졌습니다. 같은 기간, 농민들의 임금은 큰 폭으로 상승했습니다.

1부. 전염병과 노예, 로봇의 상관관계

봉건제하의 기사 수여식을 묘사한 그림

많게는 무려 10배까지 뛰었다고 하죠. 반면, 땅을 가진 영주들은 파산하는 경우도 늘어나게 됩니다. 자, 이제 농노가 예전의 농노와 같겠어요? 아까 전에 미국에서 필라델피아의 공장 사장님이 노동자들을 모으기 위해서 어떻게 했습니까? 월급을 올려주면서 더 좋은 대우를 해줬었잖아요. 마찬가지로, 이제는 농노들도 대우를 제대로 해줘야 됐던 것이죠. 흔히, 귀족들이 땅을 받아서 농노를 통해 운영하던 체제를 봉건제도라고 하잖아요. 바로, 이 중세 봉건제도가 서서히 무너지기 시작한 겁니다. 전염병이 가져온 변화가 사회 변화의 흐름을 역시 만들어내고 있는 걸 확인할 수 있죠? 그리고, 봉건제도가 무너지면서 다른 것도 함께 무너집니다.

바로, 성직자들의 권위도 무너져요. 많이들 알고 계시듯이 중세 유럽 사

그림을 통해 인간 중심의 세계관을 보여주는 라파엘로의 <아테네 학당>

회는 신(神) 중심의 세계였습니다. 세상의 모든 일은 신으로 설명을 했고, 신으로 이해를 해야만 했던 사회죠. 비슷한 시기 이슬람 문명이 과학과 의학을 적극적으로 발달시키면서 많은 기록을 남기고 있을 때, 어찌 보면 유럽의 중세 사회는 그런 변화가 늦었던 것이죠. 그래서, 이런 걸 일컬어 중세 암흑기라고도 부르잖아요. 이런 중세 시대는 절대자인 신이 자신을 구원해줄 거라는 믿음을 갖고 있는 기독교가 지배하던 사회였는데요. 지금 어떻게 됐나요? 갑작스럽게 흑사병이라는 무시무시한 전염병이 돌면서 인구의 3분의 1이 사라져버렸습니다. 당장, 눈앞에 이렇게 끔찍한 광경이 벌어졌는데, 신에 대한 믿음에 회의가 들지 않았겠어요?

"신이 있다면 어떻게 이렇게 끔찍한 세상을 그대로 놔둘 수 있습니까?"

이런 원망의 마음이 들지 않았겠어요? 이런 분위기 속에서 기존 교회에 대한 권위는 어떻게 됐을까요? 권위가 위협받았겠죠? 교회의 권위도 흔들리기 시작합니다.

원래, 중세 유럽에서는 교회의 성직자들이 상당한 권력을 가진 직종이었거든요. 당시 성직자들의 지위가 얼마나 높았는지는 우리가 체스판만 봐도 알 수 있어요. 체스 말 중에 비숍이라는 말이 있죠. 이게 성직자를 의미하는 건데, 체스판에서 킹과 퀸, 왕과 여왕 바로 옆에 비숍이 있습니다. 대각선으로 아무 데나 갈 수 있는 강력한 말이죠. 교회의 권위가 위협받으면서 이렇게 강력했던 성직자들의 권위도 흔들리게 되고요. 급기야 농민 봉기도 이어지게 됩니다. 가톨릭에 반기를 드는 종교 개혁도 이 흑사병이 단초가 됐다는 분석이 나오기도 하는 이유가 바로 여기에 있어요. 끔찍한 전염병이 사회에 충격을 주면서 기존 질서를 흔들어놓은 거죠. 이렇게 흑사병이 가져온 사회의 변화는 자연스럽게 세계관의 변화로까지 이어지게 되고요. 기존의 신 중심의 세계관이 인간 중심의 세계관으로 옮겨가기 시작합니다. 그러면서 각종 문화, 예술, 학문적 사조가 바뀌기 시작한 것. 이게 바로 그 유명한 르네상스입니다.

그래서, 흑사병이 유럽 르네상스의 발판이 됐다는 분석도 나오는 겁니다. 아까 스페인 독감 이후 미국의 사례와 지금의 흑사병 이후 중세 유럽을 변화를 살펴보니 어떤가요? 전염병이 전염병 하나로 그냥 끝나나요? 그렇지 않죠? 가깝게는 우리의 삶을 송두리째 바꿔놓고, 멀게는 역사의 흐름까지도 바꿔놓고 있는 게 느껴지시지 않나요? 물론, 역사에 만약이란 없는 것이고요. 역사 흐름에는 다양한 변수가 있죠.[13] 그래서, 이거 하나 때문에 이렇게 됐다고 딱 잘라 말할 수 있는 건 아닐 겁니다. 하지만, 확실한 건 전염병이 인구 감소와 사회 분위기, 그리고 경제구조와 가치관의 변화를 가져오게 됐고, 그게 다시 여기저기로 가지를 뻗어나가면서 막대한 영향을 끼친 것만은 분명하죠.[14]

자, 이렇게 듣고 나니 어떤 생각이 드시나요? 인류 역사 속 무수히 많은 전염병 중에 일단, 스페인 독감과 흑사병을 간단히 살펴봤는데 지금 두 사건 이후 달라진 구조적 변화 중에 가장 눈에 띄는 공통점이 뭐라고 생각하세요? 잠시 눈 감고 생각할 시간을 드려볼게요. 생각나셨나요?

전염병이 물러간 뒤에는 살아남은 사람들의 몸값이 올라갔다는 생각이 들지 않으세요? 미국 필라델피아에서도 그랬고, 흑사병이 지나간 중세 유럽에서도 그랬잖아요. 사람이 귀해지니까 사람대접을 잘해준 거죠. 그러면, 역설적으로 전염병이 지나가고 나면 세상이 좋아지는 건가, 살 만한 세상이 오는 건가 싶은 착각이 들기도 하는데요. 앞의 두 사례만 보면 확실히 그렇습니다. 단, 전염병에서 살아남았다는 전제하에 말이죠. 앞의 두 경우에서는 엄청나게 많은 사람들이 전염병으로 죽고 사라지자 살아남은 사람들의 삶은 더 나아졌습니다. 그럼 큰 전염병이 지나갈 때 살아남기만 하면 우리의 삶이 나아질 수 있는 걸까요? 하지만, 모든 전염병이 그랬던 것은 아니었습니다. 앞서 보신 두 사례와 정반대의 경우도 있었는데요. 과연 그 사례는 무엇일까요?

천연두와 아즈텍 제국,
비극의 시작

    사실, 인류를 괴롭힌 악독한 전염병 중에는 흑사병 외에 천연두라는 질병도 있었습니다. 제가 과거형으로 말한 이유는 지금은 사실상 인류가 퇴치한 질병이기 때문입니다. 하지만, 불과 몇십 년 전만 해도 천연두는 무서운 질병이었고요. 우리나라에서도 기승을 부렸던 질병이었어요. 호랑이에게 물려가는 것만큼이나 무섭다고도 했던 질병입니다. 흔히, 마마라고도 많이 불렀는데요.[15] 분명히 조금 전에 살펴본 스페인 독감과 흑사병은 유사한 부분이 있었죠. 확실히 눈에 띄었던 게 전염병이 지나간 뒤엔 사람들 몸값이 올라갔다는 점이었습니다. 앞의 두 사례에서 확인한 패턴은 비슷했어요. 일할 사람이 줄어드니까 대우가 좋아졌고요. 그럼 돈을 더 줘서라도 고용하려고 했다는 거죠. 자연스럽게 노동자들 지위가 올라갔고, 그래서 미국에서는 제조업 임금이 올랐고, 중세 시대엔 농노들은 해방이 됐던 거죠.

그런데, 천연두의 경우에는 이와는 달랐습니다. 분명히 사람들이 무서운 전염병으로 엄청 많이 죽긴 했는데 사람의 몸값이 올라가기는커녕, 전염병이 물러간 이후에 오히려 바닥으로, 바닥으로 추락했어요. '어라? 이게 무슨 소리지?' 당장, 이 얘기 들으면 의문이 드실 겁니다. '사람이 줄면 그만큼 부족해지고, 귀해진 거니까 몸값이 올라야지 왜 떨어져?' 이러실 수도 있겠는데요. 왜 그런지 지금부터 차차 설명해드리려고 합니다. 도대체 무슨 일이 있었던 걸까요?

아즈텍의 피라미드가 무너진 이유

자, 그럼 이번에도 이걸 알아보기 위해 시간 여행을 떠나보려고 합니다. 이번에는 조용히 눈을 감고, 15세기 라틴아메리카 대륙으로 가보겠습니다. 라틴아메리카 중에서도 지대가 높은 고원에 위치한 도시를 한번 상상해보세요. 이 도시는 울창한 숲속을 지나 큰 호수가 있는 곳입니다. 예쁜 선인장도 보이고요. 상상하셨나요? 그러면 이번에는 저 멀리 한번 큰 건물을 찾아보시겠어요? 호수 주변에 있는 큰 건물 못 찾으셨나요? 이제 찾으셨죠? 저 멀리 보이는 높은 건물. 거대한 피라미드 모양을 하고 있는 게 보이시죠? 바로 이 건물이 그 유명한 아즈텍의 피라미드입니다. 여러분은 지금 15세기 아즈텍 제국에 와 있습니다. 피라미드라고 하니까 무덤 아닐까 생각하신 분도 계

아즈텍의 피라미드

실 텐데요. 이집트의 피라미드는 왕의 무덤이었지만 아즈텍의 피라미드는 신을 모시는 신전이었습니다. 계단을 따라 올라갈 수 있도록 설계되어 있어요.

아즈텍인들은 바로 이 피라미드에서 신에게 제물을 바쳤습니다. 그런데, 그 제물은 다름 아닌 사람이었습니다. 살아 있는 사람을 제물로 바쳤어요. 사람을 바친다고 하니 벌써부터 으스스한데, 산 사람을 제물을 바치는 방식도 굉장히 잔인했다고 전해져요. 일단, 피라미드 꼭대기에서 먼저 제물로 바칠 살아 있는 사람의 가슴을 가릅니다. 그리고, 심장을 꺼내고요. 그걸 신에게 바쳤습니다. 그리고는 피라미드 아래로 죽은 사람을 굴러 떨어뜨렸다고 전해집니다. 산 채로 살아 있는 인간을 그 자리에서 죽여, 제물로 바치는 아즈텍의 피라미드를 상상해보세요. 저 뒤에 길게 늘어선 줄이 보이시나요? 제물이 되기 위해 잡혀온 사람들이 긴 줄을 늘어선 모습인데요. 아즈텍 제국에선 한 번에 수만 명이 이렇게 제물로 바쳐지기도 했다고 전해집니다. 그리고, 여기서 그치지 않고 제물로 바쳐진 사람을 먹기도 했습니다.[16] 식인 풍습이 있었던 거죠. 이렇게 제물로 살아 있는 사람이 필요하니까 아즈텍 제국은 계속 전쟁을 벌였다고 전해집니다.[17] 이웃 부족을 침략해서 인간 제물을 사냥했던 거죠. 그러니 주변 부족들은 치를 떨었겠죠? 이렇게 얘기하면 굉장히 먼 옛날에 있었던 일처럼 느껴지지만 사실 15세기면 우리나라는 조선시대 중종쯤 되는 시기거든요? 불과 수백 년 전에 사람을 잡아먹었다고? 이런 생각하면서 놀라셨을 분도 계실지 모르겠는데요.

당시, 콜럼버스가 신항로 개척을 한 이후에, 식민지 건설을 위해 라틴아메리카에 도착했던 스페인 정복자들도 그 모습을 보고 큰 충격을 받았겠죠?

에르난 코르테스

1521년 에르난 코르테스가 이끄는 스페인 군대가 테노치티틀란를 몰락시키는 것을 묘사한 그림

심지어, 스페인 사람들 중에는 실제로 아즈텍인들에게 잡혀 제물로 바쳐지고 또 먹힌 경우도 있었거든요. 스페인 군대는 아즈텍과 전쟁을 벌이게 되는데요. 바로 이때 아즈텍을 침략한 스페인 출신의 정복자가 바로 에르난 코르테스입니다.[18]

분명, 스페인 정복자들은 잔인한 학살을 일삼았지만 스페인 군대가 아즈텍에 쳐들어갈 때 주변 부족들은 오히려 스페인 군대와 힘을 합쳤다고 합니다. 생각해보세요. 주변 부족을 잡아다 제물로 바치는 아즈텍인들을 공격한다고 하니 주변 부족들 입장에서는 같은 편이라고 생각하지 않았을까요? 코르테스가 쳐들어간 아즈텍 제국의 수도가 바로 테노치티틀란이란 곳이었습니다. 당시 테노치티틀란은 호수 위에 떠 있는 섬이었어요. 우리로 치면 서

1628년에 그려진 멕시코 시티의 조감도

울 여의도쯤 되나 싶긴 한데요. 당시 테노치티틀란의 인구가 20만 명 가까이
됐다고 하니까 호수에 있는 섬 치고는 꽤 큰 섬이라고 보면 되겠습니다.[19] 이
렇게 수십 만 인구의 큰 도시다 보니까 군대도 수만 명에 달했다고 합니다.
반면, 스페인 코르테스의 군대는 수백 명 수준이었어요. 머릿수만 보면 누가
봐도 계란에 바위 치기 같죠. 그런데, 과연 이 전쟁에서 누가 승리했을까요?

초반에는 스페인 군대가 고전했다고 전해집니다. 총이나 화약 같은 무기
가 있긴 했지만 워낙 숫자에서 밀리니까 힘들었겠죠. 아무리 무기가 강해도
수백 명이 어떻게 수만 명을 상대하겠어요? 자, 이렇게 병력 차이가 큰 상황
이었는데요. 우리 역사에서는 조선 중종 때인 1521년. 이 수백 명의 병력으로
코르테스는 공격에 나선 지 석 달 만에 아즈텍 제국의 수도인 테노치티틀란

존 밴덜린이 그린 <콜럼버스의 상륙>

을 전격 함락시킵니다. 코르테스가 허무하게 이깁니다. 바로, 코르테스가 점령한 뒤에 스페인 정복자들은 이 거대한 호수를 메우고 도시를 건설하게 되는데요. 이 도시가 바로 지금의 멕시코 수도, 멕시코 시티입니다.[20]

수백 명에 불과한 스페인 군대가 이렇게 큰 병력 차이를 도대체 어떻게 극복했을까 궁금하시죠? 아즈텍 군대가 제대로 힘도 못 써보고 스페인 군대에 쓰러진 이유. 그것은 바로 마마! 천연두라는 전염병 때문이었어요. 당시 라틴아메리카 원주민들에게는 한 번도 노출된 적이 없었던 천연두라는 질병은 아즈텍을 강타했고요. 코르테스가 도시 안에 입성했을 때 이미 전체 인구의 절반가량이 숨진 걸로 알려져 있습니다. 그래서, 쉽게 승리할 수 있었던 거죠. 당시 유럽인들은 라틴아메리카 대륙에 그냥 들어온 게 아니었습

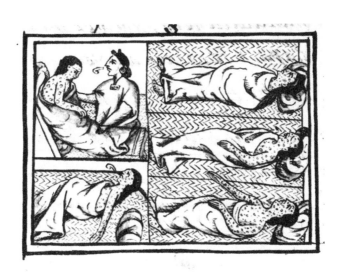

천연두에 걸린 원주민인 나우아족을 그린 그림

니다. 스페인 세력이 라틴아메리카를 정복하고 식민지를 건설하면서 총과 칼만 내세운 게 아니라, 균까지 함께 가지고 들어간 겁니다.[21] 의도했던 건 아니었겠지만 당시 스페인 등 유럽 세력은 결과적으로 자신들도 모르게 라 틴아메리카 지역의 원주민들과 세균전을 벌였던 셈인 거죠.[22]

총, 균, 쇠가 가져온 비극

그때부터 라틴아메리카 전체가 스페인과 포르투갈 세력의 지배를 본격적 으로 받게 되는데요. 균이 더욱더 많이 유입되면서 유럽에서 온 전염병으로 인해 아예 전멸한 원주민 부족도 생겨나고요. 1600년대 무렵이 되면 아메리카 원주민의 거의 90%가 전염병으로 몰살당하다시피 했다는 분석도 있습니다. 이쯤 되면 거의 멸종 수준이라고 봐도 될 정도인 거죠.[23]

자, 이렇게 신항로 개척을 기점으로 전염병을 등에 업고, 아메리카 대륙을 장악한 유럽 열강들은 이후 본격적인 식민지 지배와 수탈을 시작하게 되는데요. 당장, 콜럼버스만 해도 우선은 금과 은 같은 보석류, 그리고 사탕수수 같은 식료품을 식민지에서 가져가기 시작합니다. 금광, 은광, 사탕수수 농장 모두 어떻습니까? 여기서 무언가 가져가려면 그냥 가져갈 수 있나요? 일을 해야 가져갈 수가 있죠. 모두 사람의 손이 많이 가는 일들이죠. 식민지 경영을 위해서는 노동력이 필요했습니다. 과거 일제 강점기 일본이 우리 조선인들을 강제 동원해 가혹한 노동을 시켰던 것처럼 유럽 정복자들이 처음에는 현지 원주민들, 인디오들을 가혹하게 내몰았습니다. 일을 시키다 수틀리면 죽이기도 하고 잔인한 짓도 일삼았다는 기록들이 남아 있습니다.[24]

콜럼버스의 신항로 개척이 유럽인들 입장에서는 신대륙 발견이었겠지만 원주민들의 입장에선 침략자들을 맞은 재앙일 수 있었던 거죠. 이렇게 식민지 개발과 수탈을 위해서는 노동자가 절대적으로 많이 필요한데, 지금 이 노동자들은 다 어떻게 됐나요? 천연두 등의 전염병이 아메리카 대륙을 강타하면서 많이 죽었잖아요. 원주민의 90%가 사라질 정도면, 이때도 일할 사람이 부족했겠죠. 그리고, 처음에야 지배 구역이 얼마 안 됐겠지만 유럽 세력의 식민지 지배 구역은 점점 커져서 급기야 유럽 세력이 아메리카 대륙을 거의 다 접수하게 되잖아요. 쉽게 말해, 식민지 지배자들의 입장에서는 개발할 곳

프랑수아 오귀스트 비아르가 그린 <노예 무역>

은 많아지고 일할 사람은 더 많이 필요한데, 그 수요를 채워줄 노동자는 급격히 줄어드는 상황이 된 거죠. 자, 그럼 이제 여기서는 또 어떤 변화가 일어났을까요?

앞서 살펴본 스페인 독감 때나 흑사병 때의 사례를 보면, 노동자들이 부족해지면 결국 사람의 몸값을 높여서 해결을 했었죠. 실제로 두 사례 모두 임금이 크게 올랐잖아요. 일을 시키려면 월급을 줘야 하니까 당연히 월급을 더 많이 주면서 어떻게든 일을 시켰던 거죠. 자, 그런데 아메리카 대륙에서는 앞선 두 사례와는 완전히 새로운 접근법이 나오게 됩니다. 월급을 올리지 않는 방식으로 문제를 해결하려고 합니다. 과연 그게 뭘까요? 사람은 부족하고 일손은 모자란 상황에서 월급은 올려주기 싫다면 어떻게 해야 할까요?

아예, 월급을 안 주고 일을 시켜도 된다면 어떨까요? 그게 무슨 소리냐고 반문하실 분도 계시겠지만 실제로 이 방법이 사용됐습니다. 라틴아메리카 지역에서 부족한 노동력을 채운 것은 바로, 노예였습니다.

유럽 정복자들은 부족한 노동력을 확보하기 위해 아프리카 흑인 노예들을 본격적으로 수입하기 시작하는데요. 1502년을 시작으로 19세기 초까지 무려 6,000만 명, 대한민국 전체 인구보다 많은 노예들이 아메리카 대륙에 팔려오게 되고요. 이들은 열악한 노동 조건 속에서 가혹한 대우를 받으며 사탕수수 농장 같은 곳에서 중노동에 내몰리게 되죠. 하루에 15시간에서 18시간씩 일을 하고, 식사는 콩죽이나 옥수수 가루로 연명했다고 하죠.[25]

당시 흑인 노예들은 물건처럼 배에 실려 와서 거래가 됐고요. 배 안에 겹겹이 쌓아서 운반했다고도 합니다. 물론, 이 과정에서 탈출해서 자신들만의 터전을 구축한 분들도 있었다고는 해요. 하지만, 도망치다 잡히면 그대로 죽임을 당하기도 했습니다. 노예는 사람 취급을 받지 못했으니까요. 그때부터 아메리카 대륙에 아프리카인들이 섞이기 시작하게 되고요. 어찌 보면 지금까지 뿌리 깊게 박힌 인종 갈등의 씨앗이 이때부터 뿌려졌다고도 볼 수 있겠죠. 16세기 이슬람의 커피 문화가 유럽에 전해지면서 커피도 라틴아메리카의 식민지에서 생산하게 되고요. 사탕수수와 커피. 즉, 향기로운 커피와 달콤한 설탕 모두 아프리카 노예들의 피와 땀으로 재배해서 유럽인들의 식탁에 올라왔던 거죠.

어때요? 지금 노동자들의 몸값이 올라갔습니까? 이 경우에는 몸값이 올라가기는커녕 아예 노동자들을 노예로 대체를 해버리니까 몸값은 고사하

고, 인간의 존엄성까지 바닥으로 추락했던 거죠.[26]

전염병으로 인해 라틴아메리카에서 노동력이 부족해진 상황은 비슷했지만 앞선 두 사례와 정반대의 접근법이 나왔다고 했던 게 무슨 의미인지 이제 이해가 가시죠? 어떤가요? 스페인 독감, 흑사병, 그리고 천연두. 인류의 역사에서 큰 전염병이 한 번씩 돌 때마다 역사의 수레바퀴가 움직이고 있는 것이 느껴지시나요?

코로나19와
노예의 탄생

자, 그럼 우리가 과거 역사 속의 사례들을 살펴봤으니까 이제는 우리가 사는 세계에 대한 이야기를 해볼 수 있을 것 같아요. 역사의 거울에 비춰 우리 한번 현재의 모습과 나아가 미래 모습까지도 한번 생각해보자고요.

코로나19, 과거의 질병과 무엇이 같고 무엇이 다를까요?

우리 인류는 지난 2019년 말부터 코로나19라는 큰 전염병을 경험했습니다. 특히, 처음에 치명률이 높을 때는 정말 두려움이 컸었습니다. 일단, 증상만 보면 스페인 독감과 코로나19 둘 다 비슷했어요. 고열에 인후통, 기침에 심하면 폐렴까지. 비슷하죠? 그리고, 사회에 남긴 흔적도 유사한 것들이 많았어요. 사회적 거리두기, 마스크 착용 같은 방역 대책들이 그때나 지금이나 우리 일상을 바꿔놓았고요. 그럼에도 둘 다 많은 사망자를 내며 우리 인류에 큰 상처를 입혔습니다.

그런데, 이걸 자세히 뜯어보면 코로나19는 과거 전염병들과는 몇 가지 다른 점들이 눈에 띕니다. 일단, 전염병으로 인한 사망자의 양상이 다릅니다. 우리가 경험해봐서 알겠지만 코로나19는 아이들이나 젊은 층의 치명률은 낮았잖아요. 안타깝게도 주로, 고령층, 기저 질환자분들이 많이 희생이 됐습니다. 반면, 코로나19보다 100년 정도 앞섰던 스페인 독감의 경우, 20대에서 40대 사이 젊은 사람들이 많이 사망했습니다. 그래프를 보면 그 차이를 확

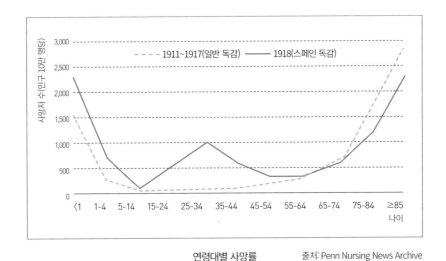

연령대별 사망률   출처: Penn Nursing News Archive

스페인 독감의 경우 기본적으로 영유아나 고령층의 치명률이 높지만, 20대에서 40대 사이의 사망률도 꽤 높았습니다.

1부. 전염병과 노예, 로봇의 상관관계

실히 아실 수 있을 거예요. 아무래도 의료 기술도 발달하고, 위생과 영양 상태도 많이 개선된 것도 영향을 줬다고 볼 수 있겠죠?

또, 흑사병처럼 속수무책으로 주변 국가로 퍼져나가지도 않았습니다. 일단, 국가들이 국경을 통제할 수 있는 시스템을 갖추고 통제를 했고요. 더구나, 백신이 개발된 뒤에는 백신 접종을 한 사람들만 서로 오갈 수 있도록 하면서 확산을 통제할 수 있었습니다. 그래서, 코로나19 초기 상황을 제외하면 전반적으로 피해 상황은 과거에 비해서 적었다고 할 수 있겠습니다.

코로나19가 이렇게 어느 정도 통제가 된 상태에서 고령층 위주로 사망률이 높게 나왔다는 사실은 어떤 의미를 갖고 있을까요? 과거 사례의 연장선에서 생각하면 코로나19의 경우에는 그만큼 일할 사람이 덜 줄어들었다고 볼 수도 있겠죠? 그렇습니다. 확실히 젊은이들이 그때보다는 많이 줄어들지 않은 거죠. 스페인 독감 때는 전쟁까지 겹치면서 젊은 층 인구가 급격히 줄면서 임금이 가파르게 상승했었고요. 흑사병 이후에도 농민들이 많이 숨지면서 살아남은 농민들의 지위가 크게 향상됐었지만, 지금은 그 시절처럼 노동자들의 월급이 2배가 되지는 않았잖아요.

젊은이들이 '죽자' 노예 시대가 왔다?

자, 이러면 이제 노동자 수도 많이 안 줄었고, 그럼 임금도 큰 변화가 없겠구나. 생각하기 쉽지만, 코로나19 이후 노동시장에도 큰 변화가 생겨났습니다. 비록 스페인 독감보다는 치명률이 낮았지만 실제로는 젊은이들도 많이 사망했기 때문입니다. 아니, 조금 전까지만 해도 젊은이들이 많이 죽지 않았다고 해놓고, 이게 무슨 소리냐고요? 바로, 사회적 거리두기가 있었잖아요. 자, 우리는 코로나19를 슬기롭게 극복해서 생물학적으로 생명을 잃지 않은 젊은이들이 훨씬 많았습니다. 하지만, 낮은 치명률을 유지하기 위해서 엄격한 방역 규제와 함께 '사회적 거리두기'라는 걸 실시했잖아요. 결국, 이 제도 뭔가요? 사회적으로 우리를 사라지게 만든 거죠. 그럼 어떻게 됩니까? 일을 제대로 하기 어렵죠. 일할 사람들이 사회적으로 죽어버린 겁니다. 젊은 이들이 사회적으로 '사망'한 겁니다.

이렇게 되자, 우리 사회에도 노예 유입이 늘기 시작했습니다. 이 노예는 근무 시간도 정해지지 않았고요. 일단, 노예를 사오면 월급을 안 주고 막 부려 먹을 수도 있어요. 이런 존재가 코로나19를 겪으면서 많이 늘어났습니다.

아니, 21세기에 무슨 노예 타령이냐고요? 바로, 잠도 안 자고 24시간 일하는 노예. 옥수수 가루 대신 전기만 먹고사는 노예. 이게 뭘까요? 그것은 로봇입니다. 코로나19 국면은 21세기판 노예, 로봇의 도입을 부추기고 있습니다.[27]

스페인 독감이나 흑사병 때처럼 젊은 사람들, 노동 인구가 많이 숨지지 않았는데도, 라틴아메리카의 유럽 정복자들처럼 현대판 노예, 로봇의 도입은 가속화하고 있는 상황인 거죠. 그래서 우리는 상대적으로 사람은 많이 줄지 않았는데도 일자리는 줄어드는 상황을 더 빨리 맞이하게 된 것입니다. 이렇게 되면 사람의 몸값이 오르기는커녕 떨어지게 되지 않을까요?[28]

미국 맥도날드 매장의 키오스크

로봇이 도입된다고 하니까 첨단 기술 분야에만 해당된다는 이야기라고 생각하는 분도 계실지 모르겠는데요. 이게 첨단 기술 분야만 해당되는 얘기가 아닙니다. 코로나19를 거치면서 편의점, 분식집, 패스트푸드 전문점 같은 곳들은 주문받는 로봇, 키오스크가 인간을 대체했고요. 맥도날드는 2019년 키오스크 도입을 위해 10억 달러를 지출하기도 했습니다. 미국 내 거의 모든 매장에 키오스크가 들어갔습니다.[29]

아예 무인 아이스크림 판매점처럼 사람이 없는 가게들도 급속하게 늘어났습니다. 21세기, 고도로 발달된 의료 기술과 첨단 시스템으로 무장한 인류는 비대면 방역 체계까지 갖춰나가며 새로운 전염병에 대응했습니다. 이러한 노력 덕분에 상대적으로 급격한 인구 감소는 막았지만, 대신 그 시스템을 유지하기 위한 방역 비용은 크게 늘리면서 방역이 필요 없는 로봇과 자동화 시스템에 대한 수요는 확 앞당기게 된 겁니다. 즉, 인구가 줄지 않았는데도 '노예'를 도입하는 역설적인 일이 벌어지게 된 거죠. 실제 한국은행 통계를 보면, 1명 이상의 직원을 둔 자영업자는 2019년 2월에는 154만 명이었다가 코로나19를 거치면서 이듬해 2월이 되면 137만 명으로 17만 명이나 감소하거든요.[30]

생각해보세요. 코로나19 초기만 해도 격리를 2주씩 했었잖아요. 확진자만 2주씩 격리되는 게 아니라 밀접 접촉자도 2주씩 격리했었습니다. 만약, 자영업을 하고 있는 사장님의 입장이라면 어떻겠어요? 손님도 가뜩이나 적은데, 직원마저 격리되어 출근할 수 없다면 직원을 채용할 수 있는 유인이 생길까요? 사회적 거리두기와 격리 조치는 감염 확산을 낮추는 강력한 수단

산업용 로봇

1부. 전업병과 노예, 로봇의 상관관계

이었지만 그로 인해 발생하는 엄청난 방역 비용은 자영업자가 고스란히 감내해야 하는 구조였습니다.[31]

소규모 자영업의 경우에도 사정이 이런데, 대규모 산업 현장의 경우라면 코로나19로 인한 인력 부족의 영향을 더 크게 받았겠죠. 지난 2021년 당시 북미 지역의 통계 자료를 살펴보면요. 산업용 로봇의 주문 건수가 1년 사이 37%나 급증하게 되는데요. 우리나라뿐 아니라 세계적으로도 코로나19로 인해 부족한 인적 자원을 로봇이라는 실물 자본으로 대체하는 움직임이 뚜렷하게 드러났습니다.[32]

이렇다 보니, 자연스럽게 사회 전반에 로봇이 늘어날 수 있는 환경이 조성이 된 거죠. 로봇은 백신을 맞을 필요도 없고, 확진되어 격리될 걱정도 없었으니까요. 게다가, 앞서 말씀드린 대로 코로나19로 장사도 안 되고, 수요가 줄면서 수입도 줄어드니까 경영자들이 비중이 큰 인건비부터 줄여나가기 시작한 거죠. 그렇다 보니, 로봇과 무인 매장은 이제 주변에서 쉽게 찾아볼 수 있는 게 됐고요. 그래서, 우리도 모르게 우리 곁에 수많은 노예들을 거느리게 된 겁니다. 밥 대신 전기 먹는 노예들이요.

'노예'가 온 세상은 어떻게 될까?

카페나 음식점에서 볼 수 있는 키오스크 같은 무인 시스템들 하나하나가 들어선 자리는 사실 예전에는 다 사람들이 서 있던 자리였습니다. 주간조,

야간조, 심야조. 이런 식으로 어떤 분야는 기계 하나당 사람 서너 명을 고용해야 했던 자리도 있었겠죠. 그런 자리들이 로봇과 자동화 시스템을 장착한 기계로 점점 대체가 된 것이고요. 당연히 일자리는 사라졌습니다. 그리고, 사라지고 있습니다.

실제로, 코로나19를 거치면서 대학생들의 아르바이트 구하기는 예전과는 차원이 달라졌고요.[33] 그나마 아직 기계의 대체가 어려운 분야, 배달 대행 같은 이른바 플랫폼 일자리로만 사람들이 몰리고 있는 상황을 우리는 모두 목격했습니다.[34] 2020년 2월, 뉴욕 연방준비은행 데이터를 보면 미국 대학 졸업자의 41%가 학위와 상관없는 일을 하고 있는 것으로 나타나기도 했습니다.

자, 이런 상황에서 만약에 코로나19가 완전히 사라졌다고 쳐볼게요. 그러면 이렇게 기계를 많이 도입한 곳들이 "자, 이제 코로나 끝났으니까 그동안 썼던 로봇 팔아버리고, 다시 사람 뽑읍시다" 이럴까요? 아마도 그럴 일은 없겠죠? 일단 사놓은 로봇, 한번 써보고 쓸 만하면 코로나19가 있건 없건 그때부터는 더 이상 신경 쓰지 않고 앞으로도 계속 쓰지 않겠어요? 뭐든지 처음에 보급이 되는 건 어렵지만 일단, 자리를 잡으면 그걸 쓰는 곳들이 늘어나게 되고요. 늘어나면 수량이 많아지니까 비용은 점점 저렴해지죠. 유지·보수 시장도 안정적으로 자리 잡게 되고요. 이런 걸 흔히 보편화된다고 표현합니다. 이렇게 코로나19를 계기로 무인 기계와 로봇이 늘어나면서 시간을 거듭할수록 이런 변화가 더 빨라질 가능성이 높아진 거죠. 이처럼 기계로 대체되는 구조적 변화는 한 번 오는 게 어렵지, 일단 오면 다시 돌아가기는 힘든 겁니다. 혹시, 제가 이렇게 얘기하면 아마 이렇게 반론을 제기할 분들도 계실지 모르겠어요.

"아니 그럼, 기술 발전을 받아들여야지 무작정 거부하라는 말입니까?"

충분히 타당한 지적입니다. 자동차가 개발됐는데, 계속 거부하고 마차 타자고 할 수는 없는 노릇 아니겠어요? 기술의 발전에 따라 직업도 일자리도 변화하는 건 어쩔 수 없는 부분이죠. 하지만, 제가 주목하고 있는 건 그 방향이 문제라는 게 아닙니다. 코로나19로 벌어진 상황의 문제점은 변화의 방향도 방향이지만 속도가 너무 빠르다는 거예요. 사실, 인공지능과 로봇 사회로 대표되는 4차 산업혁명의 경우에는 코로나19를 거치며 새로 나온 얘기가 아닙니다. 이미 오래전부터 변화의 흐름이 있긴 했어요. 대표적으로 바둑 천재 이세돌 9단과 구글 알파고가 세기의 대결을 벌였던 게 2016년이었습니다.[35] 어찌 보면, 그때부터 인류는 천천히 인공지능과 4차 산업혁명의 시대를 준비해오고 있었는지 모르죠. 그 시절만 해도 로봇과 기계는 어찌 보면 사람이 그냥 하는 것보다는 비용이 더 비쌌죠. 그래서, 로봇과 인공지능 담론은 일부 선도 기업들의 실험용 이벤트 정도로나 우리가 소비했더랬습니다. 위기감은 있었지만 보편적인 상용화까지는 갈 길이 멀었던 거죠. 그랬는데, 코로나19를 거치면서 방역 비용이 추가되고, 사람을 쓰는 비용이 점점 더 올라가니까 오히려 로봇의 도입 비용이 상대적으로 내려가기 시작한 겁니다. 그게 분야를 가리지 않았고요. 분식집부터 공장까지. 규모도 가리지 않았습니다. 그리고, 그런 양상이 전 세계적으로 번지게 되니까 관련 분야에 돈이 몰리고, 지나치게 빠른 속도로 변화를 가져오기 시작한 거죠.

코로나19 유행이 잠잠해지고 난 뒤인 2022년 미국에서 세계 가전박람회 CES가 열렸습니다. 바로, 여기서 눈에 띄는 특징이 나타났었는데요. 그게 뭐였을까요? 바로, 거기에 나온 기업들이 선보인 제품들이 죄다 로봇 전시였다는 겁니다. 가전 회사도, 자동차 회사도 모두 로봇을 가지고 나왔어요. 우리나라의 현대자동차도 차가 아닌 로봇을 전시했죠.

다시 말해, 코로나19 이후에 다가올 세계의 큰 축에는 로봇이 자리 잡고 있는 겁니다. 그리고 이 로봇을 제어할 인공지능까지 그 영역이 확장되고 있죠. 이 로봇은 어쩌면 과거 라틴아메리카의 노예 유입 사례에서 알 수 있듯이 인간의 몸값을 떨어뜨릴지도 모릅니다. 그래서, 로봇과 인공지능 시대에 어떻게 살아남아야 할지 고민이 필요한 거죠.

그런데, 여기서 끝이 아닙니다. 앞서 살펴본 대로 가뜩이나 빠르게 변화하고 있는데, 로봇 사회를 부추기는 요인들은 점점 더 많이 늘고 있어요. 외부 환경부터 녹록치 않습니다. 국제 정세부터, 세계경제, 지구 환경까지 다양한 요인들이 우리를 로봇 시대로 자꾸만 내몰고 있습니다. 과연, 우리가 맞이할 외부 환경은 어떤 모습인지 2부에서 좀 더 자세히 살펴보겠습니다.

2부

대전환기,
빨라지는 로봇 시대

미중 갈등과 신냉전
신냉전과 세계화의 종언
로봇 시대 부추기는 대전환기

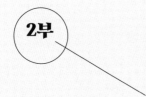

2부

대전환기,
빨라지는 로봇 시대

1부에서 우리는 3가지 전염병의 역사에 대해 살펴봤습니다. 스페인 독감, 흑사병 그리고 천연두. 앞에서 살펴본 세 전염병의 공통점은 무엇이었죠? 일단, 사람이 많이 죽었습니다. 인류가 무력하게 당한 질병들이었어요. 하지만, 이렇게 인구가 줄었지만 이에 대한 대응은 시대마다 다른 모습을 보여주기도 했습니다.

스페인 독감과 흑사병 당시에는 인구수가 줄고 이로 인해 일할 수 있는 사람들이 줄어들자, 임금을 올리거나 처우를 개선하는 등 인간을 귀하게 여기는 방식으로 사회구조 변화를 만들어냈죠. 그래서, 살아남은 사람들은 삶이 나아진 경우도 있었습니다.

하지만, 라틴아메리카에서 벌어졌던 일은 이와는 정반대였습니다. 전염병이 창궐하면서 한 마을, 나아가 한 부족을 역사에서 지우기도 했고요. 이처럼 인구가 급감하자 유럽 지배자들은 부족한 노동력 문제를 해결하기 위해 아프리카에서 노예를 수입해오면서 오히려, 인간의 몸값이 떨어지고 존엄성 마저 무너지는 비극으로 이어지기도 했습니다.

그럼, 우리가 맞이한 코로나19 이후엔 상황이 어땠나요? 코로나19는 비록 과거처럼 젊은 층의 생명을 많이 앗아가거나 하진 않았지만 대신 그 대가로 사회적 거리두기 등의 방역 비용을 치르게 하면서 또 다른 변화를 만들어냈습니다. 바로, 21세기판 노예인 로봇의 사용을 앞당겼는데요. 로봇의 사용은 우리의 일자리를 빼앗고 많은 이들을 불안 속으로 내몰고 있습니다. 특히, 챗GPT로 대표되는 인공지능 기술은 이런 불안을 더욱 키우고 있죠.

이미 지난 2016년부터 4차 산업혁명과 로봇의 보급은 어느 정도 예견됐던 일이지만 코로나19가 그 속도를 빠르게 앞당긴 건데요. 문제는 이런 로봇 시대를 앞당기는 요인이 비단 코로나19만 있는 건 아니라는 겁니다. 최근의 국제 정세와 세계경제 상황도 로봇 시대를 부추기고 있는데요. 도대체 그건 뭘까요? 이른바 대전환기라고 불리는 세계 질서의 커다란 변화를 미국과 중국의 관계 변화를 중심으로 하나씩 살펴보고, 이런 변화가 로봇 시대에 가져올 경제적 충격까지 2부에서 짚어보겠습니다.

2부. 대전환기, 빨라지는 로봇 시대

미중 갈등과
신냉전

　자, 이번에는 한 학교에 갔다고 생각을 해볼게요. 이 학교에는 싸움을 아주 잘하는 학생이 한 명 있고요. 그리고, 저 뒤에는 덩치가 아주 큰 학생이 한 명 있습니다. 사실, 둘이 싸워서 누가 이길지는 몰라요. 둘이 붙어본 적이 없었거든요. 싸움을 잘하는 학생 입장에서는 뒤에 있는 저 덩치 큰 학생이 아무래도 신경이 좀 쓰이지 않았겠어요? 몸집이 워낙 크니까요. 경계의 눈빛으로 쳐다보고 있지만 막상 건드리기는 조심스러운 그런 상황이 대충 감이 오시나요? 자, 여기서 나오는 이 덩치 큰 학생이 바로, 중국입니다.

말도 못하게 가난했던 나라 중국

이게 무슨 소리냐고요? 과거 서구 사회에서는 중국을 굉장히 위협적인 존재로 인식했다고 전해집니다. 일단 중국은 덩치가 크잖아요. 나폴레옹은 중국을 잠자는 사자라고 불렀을 정도라고 하니까요. 유럽 국가들이 볼 때는 뭔가 우리가 이길 것 같기는 한데, 막상 싸워보지는 않은 덩치 큰 학생 같았으니까요. 미묘한 긴장이 흘렀던 거죠. 그러다 1800년대, 영국이 청나라와 아편전쟁을 치르게 됩니다. 우리는 로봇 시대에 관한 이야기를 살펴보려는 거니까 아편전쟁이 뭔지 자세한 설명은 생략할게요. 어? 그런데, 막상 영국이 청나라랑 붙어보니까 생각보다 쉬운 상대였던 거예요. 중국이 숭숭 뚫린 거죠. 그러니까, 서구 사회에서 볼 땐 어땠겠어요? 에이, 괜히 겁먹었잖아. 잠자는 사자 아니었네? 이런 반응이 나온 거죠.

그러면서 청나라가 계속 당하기 시작합니다. 굴욕의 역사가 시작되죠. 아시다시피 아편전쟁에서도 패하게 되고요. 청일전쟁에서도 일본한테 지게 되죠. 그러면서, 영국에 홍콩도 내주게 되고요. 대만을 식민지로 일본에 뺏기기도 했어요.[1] 1921년, 중국의 작가 루쉰이 쓴 소설 〈아큐정전〉을 보면, 당시 중국 내부의 분위기를 엿볼 수 있는데요. 이 소설 속 주인공 아큐는 말 그대로 정신 승리의 끝판왕이에요. 내가 어디 가서 맞아도, 부당한 피해를 입어도 자신이 어리석은 줄도 모르고 늘상 정신 승리만 하거든요. 그런데, 이처럼 한심해 보이는 소설 속 주인공 아큐를 보고, 당시 많은 중국인들은 이런 생각을 했다고 전해집니다.

'저게 내 모습이구나. 우리 중국인들이 저렇구나.'

한마디로 그 당시에 중국인들의 자존감이 바닥까지 떨어졌던 거죠. 여기서 끝나지 않고, 중국은 나중에 내전을 치르게 되고요.[2] 그 와중에 일본이 중국을 침략하면서 중일전쟁도 치르게 되죠. 중일전쟁에서는 난징대학살[3] 같은 큰 상처를 입기도 하고요. 또, 신해혁명, 문화대혁명 같은 내부의 진통을 겪으면서 국력을 많이 소진합니다. 어디 이뿐인가요? 1950년 한국전쟁의 1.4후퇴 때는 중국인민군이 참전하기도 했죠.

바로, 이렇게 많은 힘을 쏟아붓게 되면서 중국은 가뜩이나 없는 힘이 점점 더 빠지게 됩니다. 국력이 너무 많이 소모된 거죠. 특히, 한국전쟁 이후에는 미국이 중국을 적대적으로 인식하게 되면서 중국 봉쇄 정책을 펼치기도

순위	국가	1인당 GDP	순위	국가	1인당 GDP
1	스위스	17,987	29	칠레	5,814
2	룩셈부르크	17,479	30	일본	5,472
3	미국	14,766	31	남아공	5,393
4	뉴질랜드	12,406	34	멕시코	4,457
5	호주	12,043	37	싱가포르	4,149
6	캐나다	12,030	41	홍콩	3,849
7	스웨덴	11,964	51	브라질	3,038
8	네덜란드	11,851	69	케냐	1,818
9	노르웨이	11,702	70	한국	1,765
10	영국	11,257	74	대만	1,592
15	프랑스	9,347	76	나이지리아	1,531
17	아르헨티나	8,815	109	중국	508

1960년 당시 각국의 1인당 GDP　　출처: Penn World Table 6.3

로봇 시대 살아남기

하거든요. 지금까지 쭉 들어보니 어떠세요? 중국의 에너지가 쉴 틈 없이 계속 소모되고 있다는 것 느껴지시나요? 그러니까 가뜩이나 없는 힘이 더 빠지게 되는 거죠. 쉽게 비유하자면 근손실이 너무 많이 일어나게 된 거예요.

그래서 1960년대에 이르게 되면 중국 경제가 바닥을 치게 됩니다. 어느 정도 바닥이냐. 사실, 1960년대면 우리도 잘살던 시절은 아니거든요. 우리도 찢어지게 가난했다는 말이 나오던 시절이에요. 1960년 기준, 우리나라의 1인당 GDP가 1년에 1,700달러 정도였거든요. 자, 그럼 그때 중국의 1인당 GDP는 얼마였을까요? 한번 맞춰보실래요?

바로, 500달러 정도였습니다.[4] 500달러, 이거 한 달에 버는 돈이 아니고요. 1년에 버는 소득이 이랬어요. 그러니까 당시 우리나라도 먹고살기 힘들었지만, 중국은 우리랑 비교할 수준도 못 되었으니 정말 말도 못하게 힘들었던 거죠. 세계 최빈국이라 해도 할 말 없을 정도로 정말 가난했습니다. 이렇다 보니까 "야, 이거 사회주의고 뭐고 이러다 다 죽겠다!"며 먹고사는 것 자체가 힘든 상황까지 가게 된 거예요.

중국의 '흑묘백묘론'과 '도광양회'

그러다 보니까 결국, 중국은 어떤 선택을 하게 되었을까요? 당시 중국 지도자 덩샤오핑이 결단을 내립니다. 1977년 중국이 걸어 잠갔던 문을 열기로 하는데요. 바로 중국의 개혁 개방이 되겠습니다. 당시 중국은 "당장 먹고사

1979년 미국을 방문한 덩샤오핑 전 중국 주석과 지미 카터 전 미국 대통령

는 게 더 중요하다", "우리 자존심 좀 내려놓자" 이러면서 방향을 튼 거죠.

바로, 그때 나온 유명한 말이 이른바 '흑묘백묘론'입니다. 여기서 나오는 묘(猫)는 고양이 묘 자를 쓰거든요. 즉, 검은 고양이든 흰 고양이든 쥐만 잘 잡으면 된다. 즉, 자본주의 체제든 사회주의 체제든 중국 인민들을 잘살게 하는 게 최우선이라는 방침을 내세운 거죠.

그러면서 덩샤오핑 시대 내세운 중국의 외교 노선이 '도광양회'입니다. 도광양회는 '칼집에 빛을 숨기고 힘을 감춘다'는 의미인데요. 자신의 재능이나 명성을 일부러 드러내지 않는 걸 의미하는 거죠. ≪삼국지≫에서 유비가 조조 앞에서 일부러 겁먹은 체하면서 행세한 모습에서 유래했다고 합니다. 바로, 이런 식으로 일단은 바짝 엎드리면서 힘을 기르고, 경제성장을 하는 데

1972년 중국을 방문한 닉슨 전 미국 대통령(오른쪽)과 마오쩌둥 전 중국 주석(왼쪽)

주력한 거죠.

사실, 그전부터 국제정치 환경도 다소 달라지긴 했었는데요. 중국이 개혁 개방을 하는 것은 미국의 이해관계와도 어느 정도 맞아떨어졌습니다. 당시는 미국과 소련이 대립하던 냉전 시기였고요. 미국은 지금 러시아의 전신인 당시 소련을 견제하기 위해 그전부터 중국과의 관계 개선을 추진했었거든요. 한국전쟁을 기점으로 적대 관계였던 미국과 중국은 1970년대 초반에 다시 만나게 되는데요. 이른바 '핑퐁 외교[5]'로 미중 관계에 물꼬를 트게 되고요. 이후, 닉슨 대통령이 중국을 방문하면서 미중 간 관계 개선이 본격적으로 이뤄지게 됐죠.

자, 개혁 개방하고, 닉슨도 만나고, 적극적으로 개방해서 경제성장을 위해 노력하고, 이런 많은 과정은 이른바 '도광양회'의 과정이었던 거죠. 힘을 충분히 기를 때까지는 꾹 참고 기다리자. 중국은 자존심을 굽히고, 이런 태도를 취했던 거죠. 실제로, 덩샤오핑은 후임 지도자들이 앞으로 100년 정도는 이런 태도를 유지해야 한다고 당부했다고도 전해집니다. "앞으로 100년간은 다른 생각 말고, 힘을 기르는 데 집중해라"는 당부를 했던 건데, 과연 중국은 이런 태도를 얼마나 유지할 수 있었을까요?

세계의 공장이 된 중국

바로, 이 덩샤오핑 다음에 온 지도자가 장쩌민 주석입니다. 장쩌민 주석 때까지는 이 도광양회 기조가 유지가 됐어요. 장쩌민 주석은 도광양회의 정신을 이어받았어요. 그래서 그때부터 뭘 하기 시작하느냐. 바로, 각국의 공장들을 중국으로 끌어모읍니다.

"궂은 일 마다하지 않고, 인민들이 먹고사는 데 도움이 되는 건 무엇이든지 한다." 이런 자세로 적극적인 투자 유치에 나선 거죠. 이때가 대략 1990년대 무렵인데요. 사실, 이 무렵은 많은 선진국들은 공장 등에서 내뿜는 매연으로 인해 환경 문제가 골칫거리였어요. 그래서, 이런 공장들을 밖으로 내보내면 골칫거리를 해결해주는 셈이었죠. 당시 한국도 예외는 아니어서, 낙동강 오염, 한강 오염, 여기에 각종 대기오염까지 산업화로 인한 환경 문제가 골칫거리였거든요. 심지어 '내일은 늦으리' 같은 환경 콘서트까지 열 정도로 환경에 대한 문제가 많았고 관심도 높았던 시기였어요. 이런 상황에서 중국은 적극적으로 다른 나라들이 내보려는 공장들을 떠안기 시작했죠. 삼성전자가 처음으로 중국에 진출한 게 1992년 무렵인데요. 당시 삼성의 이건희 회장이 만났던 사람도 장쩌민 주석입니다.

이처럼 중국은 새로운 일자리와 성장의 기반을 마련하고, 다른 나라들은 더 저렴한 가격으로 자기네 나라의 환경오염 문제도 해결하면서 물건을 생산할 수 있다 보니까 중국 진출은 당연한 일처럼 굳어지기도 했고요. 그러다 보니까, 그 시절에는 중국어 배우기 열풍이 불기도 했을 정도로 중국 진출이 하나의 사회적 현상처럼 되기도 했습니다. 이런 적극적인 투자 유치

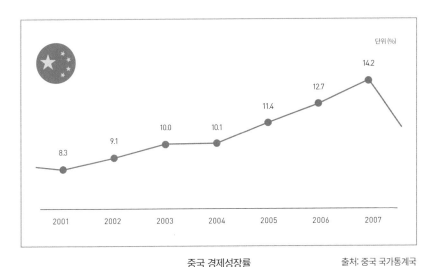

중국 경제성장률   출처: 중국 국가통계국

중국은 2001년 세계무역기구에 가입한 이후, 급격한 성장세를 보이며, 2007년까지 가파른 두 자릿수 성장세를 이어갔습니다.

를 계기로 중국은 고도성장을 발판을 마련하게 되었고요. 중국의 경제성장률은 매년 두 자릿수를 이어가며 쑥쑥 자라게 됩니다.

9.11 테러, 그 결정적 계기

분명히, 덩샤오핑이 100년 정도는 도광양회를 유지하라고 당부했다는 얘기를 했었잖아요. 그런데, 결국 100년을 못 가고 그 기조가 깨지기 시작하는데요. 바로, 그 결정적 계기로 미국 뉴욕의 세계무역센터를 겨냥했던 9.11 테러를 꼽는 전문가들이 있습니다. 아니 이게 무슨 소린가요? 9.11 테러는 '알카에다[6]'라는 이슬람 반미 무장단체가 미국을 상대로 벌인 일인데, 이게 중국의 외교 노선이랑 무슨 상관인가요? 아마 이렇게 따져 물으실 분들도 계실지 모르겠습니다. 그런데, 잘 들어보면 상관이 있어요.

자, 우리 조금 전까지 살펴본 중국은 어떤 입장이었나요? 일단, 먹고사는 게 급하니까 중국이 경제성장을 위해 노력하면서 쑥쑥 자라는 상황이었잖아요. 자, 그런데 짧은 시간에 너무 많이 자라면 어떻겠어요? 미국이나 다른 강대국들이 볼 때는 어떨까요? "어라? 너무 빨리 크는 거 아니야? 마이 컸네~" 이렇게 중국에 대한 견제 심리가 발동할 수 있잖아요. 더구나, 중국이 한창 고도성장을 하던 시기는 국제사회에서 미국의 영향력이 막강하던 상황이었단 말이죠. 그런 상황에서 어찌 보면 중국은 미국의 눈치를 보며 성장해야 했던 상황이었던 거죠. 그렇게 1990년대를 보내고 나서 2000년대에 막

테러와의 전쟁을 선언한 미국

접어든 지 얼마 안 되어 미국에서 9.11 테러가 발생하게 된 거죠.

9.11 테러

2001년 9월 11일 화요일 아침, 이슬람 반미 무장단체인 알카에다가 일으킨

네 차례의 연쇄 테러 공격을 의미합니다.

자, 이제 미국의 온 신경이 어디로 쏠리겠어요? 테러 주범이 있는 지역으

로 시선이 쏠릴 수밖에 없었던 거죠. '알카에다'가 미국에 테러를 저지른 뒤에 미국은 2001년 테러와의 전쟁을 선포하게 돼요.

미국은 당시, 테러 주범인 오사마 빈 라덴에 대한 보복을 천명하면서 아프가니스탄 침공을 하게 되고요.[7] 이어서 대량살상무기 제거를 명분으로 2003년 이라크 침공도 감행합니다. 90년대 중동에서 걸프전을 치른 지 불과 10년이 채 안 된 상태에서 다시 중동에서 전쟁을 수행해야 하는 상황이 됐던 거죠. 다시 한번, 미국의 신경이 온통 중동 지역에 쏠릴 수밖에 없는 상황이었던 겁니다.

이런 상황에서 중국은 어땠을까요? 나를 견제할 강력한 나라 미국이 다른 곳에 신경이 쏠려 있으니 마음 놓고 성장할 수 있는 발판을 마련할 수 있었겠죠. 실제로, 중국은 당시에 미국이 수행하는 테러와의 전쟁을 슬그머니 지지하면서, 공교롭게도 미국이 테러와의 전쟁을 수행한 바로 그 2001년에 세계무역기구(WTO)에 가입합니다. 세계무역기구에 가입했다는 건 이제 중국에서 생산된 제품들이 본격적으로 자유무역의 틀 속으로 들어온다는 것을 의미했죠. 미국이 새로운 전쟁을 벌이며, 국력을 소모하는 사이 중국은 힘을 기르며 이제 세계경제 무대로 본격적으로 나오기 시작한 거죠. 세계의 공장이 되기 위한 마지막 단추를 채우는 순간이죠.

화평굴기에서 유소작위까지

이렇게 2000년대 들어 중국이 자유무역 질서에 합류하며, 세계 시장에 본격적으로 진출하는 시기 중국은 후진타오 주석 체제로 들어서게 되고요. 덩샤오핑이 100년은 유지하라고 당부했던 도광양회 기조는 서서히 깨지기 시작합니다. 이 무렵 중국이 내세운 기조를 '화평굴기(和平屈起)'라고 합니다. 화평(和平), 평화(平和)를 뒤집어 써놓은 거죠. 화평은 평화랑 같은 뜻이고요. 굴기(屈起)는 일어선다, 즉 성장한다는 뜻입니다. 즉, 화평굴기는 "평화롭게 성장한다." 대략 이런 뜻인 거죠. 우리 한번 이 말을 번역해볼까요? 어떻게 번역하면 찰떡같이 이해할 수 있을까요? 저는 이렇게 번역해보았습니다.

"응, 테러와의 전쟁 지지할게. 살살들 해. 대신 나는 건드리지 마. 나는 평화롭게 여기서 성장하고 있을게."

국제사회가 커다란 피트니스 센터라고 가정했을 때, 미국은 자신을 뒤에서 때린 사람을 찾겠다며 흥분한 상태로 중동 지역에서 주먹을 휘두르고 있었던 셈이고요. 구석에서 조용히 운동하던 중국은 이제 미국의 관심이 중동 지역으로 멀어진 틈을 타서 이제 구석이 아니라 좀 더 안쪽으로 들어와서 운동기구도 쓰면서 단백질 보충제 먹어가며 근력 운동을 열심히 하는 상황이 되었던 거죠. 90년대 들어 쭉쭉 성장해온 중국은 세계무역기구 가입 이후, 2000년대 들어서도 높은 성장률을 이어가게 됩니다. 미국의 견제가 소홀

한 틈을 타서 성장을 이어간 거죠.[8]

그러면서 급기야 2000년대 중반 무렵이 되면 중국은 이제 유소작위(有所作爲)라는 노선을 내세우기에 이르러요. 유소작위, 이건 무슨 뜻일까요? 유소(有所)의 소(所)는 장소라는 뜻이거든요. "유소(有所)! 즉, 장소가 있으면! 작위(作爲)! 무언가 한다!" 우리가 흔히, 자연스럽지 않고 일부러 꾸며서 무언가 하는 걸 두고 "작위적이다" 이런 말 간혹 쓰잖아요. 바로 이런 뜻인 겁니다. '장소가 있으면 무언가 한다!' 이런 뜻인 거죠.

즉, 어떤 자리가 주어지면 자연스럽게 있는 것이 아니라 나서서 무언가를 하겠다, "이제 적극적으로 나서겠다" 이런 뜻인 거죠. 이제 더 이상 먼발치에서만 바라보는 방관자가 아니라 적극적으로 역할을 하는 주체도 되겠다는 거죠. 할 말이 있으면 하기도 하고, 혹시나 학교에서 싸움이라도 날라치면 끼어들어 말리기도 하고 말이죠. 이제 어느 정도 발언권이 생긴 중국의 기세가 느껴지시나요? 이런 유소작위 정책의 대표적인 사례가 북핵 문제 해결을 위한 6자 회담입니다.[9] 6자 회담은 실제로 베이징에서 열리거든요. 북한 핵 개발 문제라는 중요한 안보 사안에 대해 여러 나라가 협의하는 회의를 중국이 자기네 안방에서 연 거죠. 우리 집으로 다들 초대해서 한번 논의해보자 이런 거죠. 이제 더 이상 중국은 먼발치에서 현안을 지켜보는 사람이 아닌 거예요. 세계 문제에 직접 끼어들고, 판을 깔아주는 당사자로서의 역할을 하기로 한 거죠.

한때, 근손실이 너무 심해서 인민들을 먹여 살리기도 버거웠던 중국이었는데요. 미국과 손을 잡고, 개혁 개방에 나서고 선진국들이 꺼리는 제조업 공장들을 적극 유치하고 그러면서 조금씩 근육이 붙기 시작했던 겁니다.

급기야, 그러다가 2005년에는 '반분열국가법'이라는 것도 통과시키게 되는데요. 이게 뭐냐 하면 대만이 독립을 하려고 하면 무력도 사용하겠다는 겁니다. 대놓고 무력행사 가능성을 보여줬던 법인데 그만큼 중국의 국력이 커지고 있었던 거죠. 그러다가 또 한 번 중국이 미국을 추격하게 되는 결정적 계기가 생겨나게 됩니다.

베이징 올림픽과 소프트 파워

그 결정적 계기가 있던 해가 바로 2008년입니다. 2008년에 무슨 일이 있었을까요? 일단, 중국에서는 베이징 올림픽이 열렸습니다. 당시 중국은 베이징 올림픽을 기점으로 국력을 세계에 보여주고 싶어 했습니다. 제 얘기가 아니고요. 실제 당시 중국 당국자들의 인터뷰들을 보면 그런 얘기들이 많이 나옵니다. 당시 중국에서는 2008년 베이징 올림픽을 계기로 중국의 소프트 파워를 보여줘야 한다는 의견이 계속 나왔습니다. 소프트 파워는 말 그대로 부드러운 힘이라는 뜻인데요. 무슨 뜻인지 잠시 살펴보고 갈까요?

소프트 파워(Soft Power)가 뭔지 잠시 보고 갈까요?

1980년대 냉전 시기는 이른바 자유 진영과 공산 진영이 시쳇말로 '니 편 내 편' 갈라 먹고 살판 싸움을 벌이는 이른바 '현실주의(Realism)' 국제정치의 씨름판이 벌어지던 시절이었습니다. 그래서, 당시에는 서로 힘을 키우는 게 중요했어요. 핵무기도 엄청나게 많이 만들고 미사일도 개발하고, 이걸로 경쟁하고 그랬던 시절이죠. 그러다, 미국의 레이건 대통령은 '전략방위구상(Strategic Defense Initiative)'이란 걸 내놓게 되는데요. 줄여서 SDI라고도 불러요.

당시에 다양한 수단이 개발되는데, 급기야 적의 세력을 견제하기 위해서 우주 공간에서 레이저를 쏴서 미사일을 격추하겠다는 발상까지 나옵니다. 그래서 이런 경쟁을 두고, 별들의 전쟁, '스타워즈(Star Wars)'라는 별명까지 붙을 정도였어요. 당연히, 이런 프로젝트 수행하려면? 돈이 왕창 깨지겠죠? 더구나 1970년대에는 1차, 2차 오일쇼크까지 겪으면서 물가가 심각하게 올랐고요. 이걸 잡는 과정에서 금리를 가파르게 올리면서 미국 경제는 실업률 증가 등 어려움을 겪었죠. 이렇다 보니까, 미국 예일대의 역사학자 폴 케네디 교수는 《강대국의 흥망》이란 책을 내면서 "응! 이러다 미국 쫄딱 망해!" 이런 경고를 내놓기까지 합니다. 자꾸 이렇게 출혈 경쟁하다가 미국이 휘청할지 모른다고 생각했던 거죠.

그때, 여기에 반론을 제기하며 등장한 학자가 있었습니다. 바로, 하버드 대학

케네디스쿨의 '조지프 나이(Joseph Nye)'라는 분이었는데요. 이분이 뭐라고 주장을 했냐 하면, 쉽게 말해 "응! 미국 그렇게 쉽게 안 망해!"라고 주장했었어요. 여기에는 나름의 근거가 있었습니다. 조지프 나이는 1990년 그의 저서와 논문에서 "소프트 파워(Soft Power)"라는 개념을 처음 제시했는데요. 직역하면 '부드러운 힘'이라는 뜻이죠. 즉, 국제정치 무대에서 리더가 되려는 나라는 무력만으로 되는 건 아니라고 주장하면서 군사력이나 경제력 따위를 단단한 힘, '하드 파워(Hard Power)'라고 명명하고, 이에 대조적인 개념으로 국가의 매력을 일컫는 말로 부드러운 힘, '소프트 파워(Soft Power)' 개념을 제시한 겁니다. 즉, 존경받고 존중받는 국가가 되기 위해서는 단순히 '스타워즈' 같은 무기의 힘만으로 승부해서는 안 되고, 문화와 제도, 가치 면에서도 우위를 점해야 한다는 거였죠. 그리고, 기·승·전·'국뽕'으로 이어졌어요. 그래서, 미국이 이 소프트 파워 때문에 중국 같은 다른 나라들이 아무리 성장해도 상당 기간 우위를 점할 거라고 주장했던 거죠. 소프트 파워는 이제는 국제정치 분야에서는 자연스럽게 쓰이는 용어 중 하나가 되었습니다. 그래서, 기사 등에서 쉽게 찾아볼 수 있어요.

자, 앞에서 살펴본 조지프 나이 교수의 '소프트 파워' 개념은 1993년에 중국에도 처음 번역이 됐다고 전해집니다. 상하이 푸단 대학의 왕후닝[10] 교수는 소프트 파워를 일컬어 '연권력(軟权力)'이라고 번역해요. 말 그대로 연은 '연하다, 말랑말랑하다'입니다. 연두부 앞에 붙이는 연할 연(軟) 자를 쓰는 것이고요. 파워는 말 그대로 권력(權力)이라고 번역했던 거죠. 사실 중국어로 소프트 파워(Soft Power)를 직역한 셈이었죠.

이 논의가 중국에 소개된 1990년대는 앞서 얘기한 대로 덩샤오핑의 뒤를 이어받은 장쩌민 주석이 집권하면서 본격적으로 개혁 개방을 주도하며, 힘을 키우려 하던 시기였습니다. 이건희 회장이 장쩌민 주석과 면담하고, 삼성전자가 중국에 처음 진출한 것도 1992년이었으니까요. 중국이 본격적으로 외국 자본 투자 유치를 한 시기와 소프트 파워 개념이 중국에 소개된 해가 어느 정도 일치하죠? 당시 왕 교수는 문화도 전략적 자산이므로 중국도 그래서 이제는 "우리도 소프트 파워를 키워야 한다"고 주장을 했던 것으로 알려졌는데요. 당시엔 바로 주목받기는 힘들었다고 전해집니다.

사실, 소프트 파워라는 게 한 방에 크는 건 아닙니다. 먹고살 만해야 뭐든 여유가 생겨 삶도 돌아보는 것 아니겠습니까? 그러니까 1990년대부터 세계의 공장 노릇을 자처하며, 고도성장을 이어가던 중국 입장에서는 소프트 파워는 사치였던 거고요. 이제 좀 먹고살 만해진 2000년대에 이르러서야 후진타오 주석이 '연권력', 즉, 잠시 잊고 있던 소프트 파워를 키우자고 주장했습니다.

다시 아까 하던 얘기로 돌아와서요. 2008년 베이징 올림픽이 열리기 1년 전인 2007년 중국공산당 전국 대표회의에서 후진타오 전 주석은 "이젠 중국이 소프트 파워를 키워야 한다"고 강조했습니다. 그리고, 그걸 구체적으로 실현해줄 무대로 베이징 올림픽을 꼽았던 겁니다.[11] 각국에서 국가 대표 선수들이 모이고 전 세계인들의 이목이 집중되는 2008년 베이징 하계올림픽은 아마도 중국 입장에서는 이런 소프트 파워를 전 세계에 알리고 싶은 기회였겠죠. 당시 올림픽에 참석한 외국 정상들만 100여 명이었다고 하고요. 티베트 사태를 계기로 불참을 검토했던 사르코지 프랑스 대통령까지 끌어들이며, 중국은 성대한 잔치를 벌이게 돼요. 마치 힘들게 일해서 돈을 많이 벌어 새집을 장만한 사람이 온 동네 사람들을 초대해 집들이를 하는 마음은 아니었을까요?

'리먼 쇼크'에 흔들린 미국, 대국굴기로 맞선 중국

이렇게 중국이 점차 경제력을 키우며, 하드 파워 못지않게 올림픽을 통해 소프트 파워마저 과시하려고 했던 시기, 공교롭게도 미국에서는 2008년 '리먼 브라더스 사태[12]'가 터지게 됩니다. 대형 투자 은행인 리먼 브라더스의 파산으로 인해 세계 증시가 흔들리고, 각국이 경제 위기를 겪게 되는데요. 흔히, 이 시기를 '글로벌 금융 위기'라고 부르고요. 우리나라도 상당한 타격을 입었습니다. 강한 경제력을 자랑해왔던 미국의 하드 파워마저 흔들린 시기라고도 볼 수 있겠죠.

당시, 중국 지도부는 미국이 휘청거리는 모습을 보면서 많은 자신감을 얻었다고 전해집니다. 미국발 글로벌 금융 위기의 여파 속에서도 중국의 경제성장률은 비교적 나쁘지 않은 모습을 보였었거든요.

자, 어떻습니까? 중국이 경제성장 속도를 최고치로 올리면서 견제를 받

리먼 브라더스 본사 건물

앗을 법했던 2000년대 초반에는 9.11 테러로 인해 미국이 중동에 발목이 잡히고요. 그리고, 2008년 중국이 올림픽까지 치르면서 국력을 전 세계에 과시하려고 하는 시기에는 미국이 경제 위기로 고생을 하게 된 거죠. 어찌 보면, 중국은 결정적 순간들마다 미국의 방해를 받지 않고 국력을 쑥쑥 키울 수 있었던 시간을 벌었던 거죠.

그러면서 급기야 이제 시진핑 체제에 들어서서는 대국굴기(大國崛起)를 내세우게 됩니다. 아까 살펴본 화평굴기가 '평화롭게 성장하라'는 것이었다면 대국굴기는 대국(大國), 즉 큰 나라로서 성장하겠다는 것이었죠. 그러면서 미국에 대등한 관계까지 요구하게 되죠. 시진핑 주석은 오바마 대통령을 만나서 '신형대국관계'라는 개념까지 제시하게 됩니다.[13] 이제는 미국에 당당하

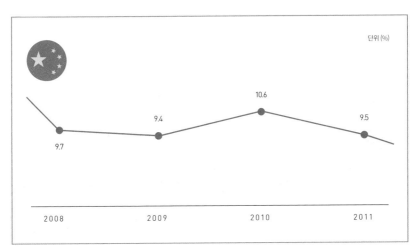

중국 경제성장률   출처: 중국 국가통계국

2008년, 리먼 브라더스 사태 이후 글로벌 위기를 겪는 동안에도 중국은 10% 가까운 높은 경제성장률을 유지했습니다.

게 강대국으로서의 대접을 해달라고 요구한 거죠. 그리고, 그런 대국굴기는 시진핑의 중국몽[14]으로 옮아갔고요. 그 중국몽을 실현하기 위한 수단은 전랑외교(戰狼外交)로 나타나고 있습니다. 전랑(戰狼)은 싸움하는 늑대라는 뜻이에요. 이제 중국은 더 이상 뒤에 앉아서 바라만 보는 존재가 아니라 만약 맘에 들지 않는다면 늑대처럼 가서 물 수도 있다는 결기마저 보여주고 있는 거죠.[15]

2023년 중국을 방문한 필리핀 대통령(오른쪽)과 시진핑 중국 주석(왼쪽)

대만 문제 충돌, 극한으로 치닫는 미중 관계

그러다 지난 2022년 8월 미국의 낸시 펠로시 하원 의장이 대만에 전격 방문하면서 미중 관계는 극한으로 치닫게 됐습니다. 미국의 하원의장은 미국의 권력 서열 3위이거든요. 미국의 최고위급 인사가 군용기를 타고 대만에 방문한 것 자체가 중국 입장에서는 용납할 수 없는 행위였던 거죠. 펠로시 의장은 중국의 강한 반대에도 불구하고 방문을 강행했고, 그 자리에서 중국 시진핑 주석의 인권 탄압과 법치주의 훼손 등을 강하게 비판했거든요.

이에 대해 중국에서는 "불장난 하면 불에 타 죽는다", "머리가 깨져서 피를 흘릴 것이다" 이런 식의 거친 말까지 내놓으면서 미국에 대해 강한 적개

심을 드러냈고요. 대만 인근 해역에서 미사일을 발사하는 등 군사 훈련을 실시하고, 다른 한편으로는 미국과의 대화 채널을 단절하는 등의 조치로 맞받았습니다. 이후, 시진핑 주석은 2022년 10월, 세 번째 연임을 확정 짓고, 사실상의 1인 지도체제를 확립하며 미국과 대립각을 세우고 있죠. 2023년에는 서로 자신의 영공에 비행체를 보냈다며, 공개적으로 언쟁을 벌이기도 하는 등 두 강대국 간의 긴장은 더욱 높아졌습니다.

한때, 소련을 견제하고, 경제 협력을 하기 위해 서로 손을 맞잡았던 미국과 중국의 관계가 30여 년 만에 완전히 갈라지고, 긴장이 고조된 상황이 되어버린 거죠. 이제 중국은 대만 통일을 공언하면서 미국과의 긴장을 지속적으로 높이고 있습니다. 그러면서 신냉전 국면으로 치닫고 있죠. 그래서, 이제 세계 질서의 대전환기가 왔다는 평가가 나오는 건데요. '아니, 로봇 시대를 이야기한다면서 미국과 중국 얘기가 너무 긴 거 아니야?' 이런 생각하실지 모르겠는데요. 이걸 살펴본 데는 그만한 이유가 있습니다. 신냉전으로 가는 국제정치 지형의 변화가 로봇 시대를 부추기고 있기 때문입니다. 바로 이렇게 미중 갈등이 로봇 시대를 앞당기고 있는 건 세계경제의 구조도 덩달아 바뀌고 있기 때문인데요. 이건 또 도대체 무슨 소린지, 미중 관계가 로봇 시대랑은 어떤 관계가 있는 건지, 바로 이어서 살펴보겠습니다.

신냉전과
세계화의 종언

미중 무역 전쟁과 신냉전의 서막

자, 이번에는 미중 관계로 인한 경제적 영향을 좀 살펴보자고요. 앞서 설명해드린 대로 거침없는 성장을 이어오던 중국은 급기야 2010년 세계경제 2위로 올라서게 됩니다. 일본을 제치게 됩니다. 중국 입장에서는 이제 올라설 자리는 1위 자리밖에 없습니다.[16] 물론, 아무리 중국이 성장했다고 해도 여전히 중국과 미국의 경제력은 많이 차이가 나는 건 사실입니다만 어쨌든 이제 중국은 미국 바로 밑까지 치고 올라온 거죠.

자, 이렇게 중국이 많이 성장하다 보니까 미국 입장에서는 어떻겠습니까? '이거 더 이상 두고 볼 수가 없네' 이런 생각하지 않았을까요? 중국이 세계경제 2위로 올라선 이듬해인 2011년 무렵 당시 미국의 오바마 대통령은 대외 정책 노선을 변경합니다. 바로, 아시아로의 중심축 이동(Pivot to Asia)를 선언해요. 9.11 테러 이후, 중동과 아프가니스탄 등에 쏠린 무게 중심을 아시아로 옮기겠다는 것이었죠.[17] 아시아로 무게추를 옮기기로 한 것은 다분히 중국을 의식한 조치였죠.

하지만, 미국은 이란의 핵 문제나, 이슬람 무장단체 IS와의 전쟁이나 여러 가지로 신경 써야 할 것들이 많았던 상황이었죠. 중국에 대한 견제 움직임을 본격화한 미국은 급기야, 트럼프 정부에 와서는 아예 중국과 본격적인 무역 전쟁을 벌이게 됩니다. 대놓고 미국과 중국이 관세 전쟁을 벌이면서 경제적으로는 이미 전쟁에 나선 상황이 됐고요. 미중 간의 갈등이 경제 문제부터 수면 위로 드러나기 시작한 거죠. 미국과 중국 사이의 경제 전쟁은 우리에게도 직접 영향을 주기도 했습니다. 미국과 중국 사이에 낀 우리로서는 이러지도 못하고 저러지도 못하는 어려운 상황에 놓이기도 했습니다. 2017년 4월에는 우리 정부가 주한 미군의 사드(THAAD)[18] 배치를 수용하자, 중국이 경제적으로 보복 조치에 나서 우리 기업들이 곤혹을 치르기도 했죠.

트럼프 이후, 바이든 정부에 와서는 중국과의 경쟁 구도는 더욱 심화됐습니다. 바이든 대통령은 트럼프 대통령의 많은 정책을 폐기하고, 기존과 다른 정책을 추진했지만 중국에 대한 견제만큼은 트럼프 행정부의 기조를 이어받았어요.

오바마 때 논의가 시작된 아프가니스탄 철수 문제도 바이든 행정부에서 매듭을 짓습니다. 2001년 이후, 아프가니스탄과 무려 20년 동안 전쟁을 지

속해왔던 미국은 급기야 2021년에는 아프가니스탄에서 완전 철수를 결정했고요. 당시, 철수 과정에서 많은 사람들이 희생되면서 바이든 대통령의 국내 지지율이 떨어지기도 했었습니다. 바이든 대통령이 국내외의 비판을 감수해 가면서까지 아프가니스탄에서 철수하면서 했던 얘기는 "이제부터는 바로 중국과의 싸움에만 집중하겠다"는 것이었습니다.

다른 것들을 제쳐두고라도 중국에 대한 견제가 우선적이라는 걸 분명히 했었던 거죠. 그러면서 바이든 대통령은 이른바 '인태 시대'의 개막을 알리고 있습니다. '인태'는 '인도-태평양'의 줄임말입니다. 과거에는 아시아-태평양의 경제 협력이 중요한 과제였다면요. 이제 중국의 부상에 따라 중국을 감싸는 인도양과 태평양에 속한 국가들의 협력이 중요한 과제가 된 거죠.

실제로, 미국은 쿼드(QUAD)[19]라고 하는 협의체를 만들어서 중국 견제를 분명히 하고 있고요. 2022년 5월에는 인도 태평양 경제 프레임워크(Indo-Pacific Economic Framework), 줄여서 IPEF라는 협력체까지 만들면서 중국 견제에 열을 올리는 모습입니다. IPEF는 바이든 대통령이 2021년 10월에 동아시아정상회의(EAS)에서 처음 제안한 것으로 알려져 있는데요. 미국이 아프가니스탄에서 철수한 게 2021년 8월이거든요. 그런데, 두 달 만에 미국에서 이 같은 경제협력체 구상을 제안한 것이고요. 그리고 불과 7개월 만에 협력체 신설까지 속전속결로 이뤄졌어요. 국내에서는 2022년 대선이 끝나고 윤석열 대통령이 취임한 지 얼마 안 된 상황에서 바이든 대통령이 한국을 방문했었는데, 이때 우리의 IPEF 가입이 공식화되기도 했습니다. 이곳에 참여한 13개[20] 나라들의 국내총생산(GDP)을 모두 합치면, 전 세계 GDP의 40% 가까이 된다고

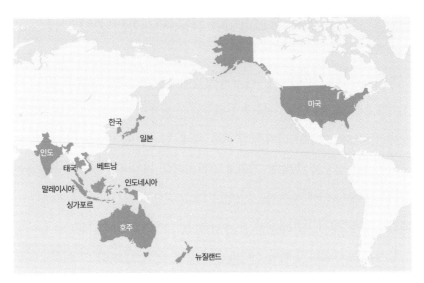

IPEF 속한 국가들

하니, 그만큼 영향력은 클 수밖에 없고요. 그 나라들의 면면을 살펴보면 중국을 빙 둘러 포위하고 있다는 걸 알 수 있습니다.

사실 중국도 중국대로 영향력 확대를 위해 노력해왔습니다. 중국 주도하에 동남아시아 국가연합(ASEAN) 10개 나라와 한국과 중국, 일본 그리고 호주와 뉴질랜드 등 15개 나라가 참여한 '역내 포괄적 경제동반자 협정(RCEP)[21]'도 2022년에 발표가 된 상태입니다. 트럼프 정부 시절, 미국과 중국이 서로 관세 전쟁을 벌이며 싸웠다면 2022년부터는 이제 동아시아 주변 지역에서 서로 편 가르기를 본격화하면서 힘 싸움을 벌이기 시작한 것입니다.

러시아의 우크라이나 침공, 세계화의 종언

여기에다 2022년에는 러시아가 우크라이나를 침공하는 일까지 벌어지게 됩니다. 미국이 아프가니스탄에서 철수하고 중국과 전선을 마주하려는 상황에서 새로운 변수가 터지게 된 거죠. 당초, 많은 전문가들은 러시아가 우크라이나를 침공할 수 없을 거라고 생각했어요. 러시아는 원유나 천연가스 등 에너지를 유럽에 수출하고 있었던 데다, 서방 국가들의 경제 제재가 이뤄졌을 경우, 러시아도 피해가 클 수밖에 없기 때문에 실제 전쟁으로 이어질 가능성은 높지 않다고 봤던 겁니다.

그런데, 푸틴 대통령이 이끄는 러시아는 전격적으로 우크라이나를 침공했고요. 서방 국가들은 경제 제재로 응수했습니다. 서방 국가들은 러시아를 국제 달러 결제망에서 퇴출시키면서 러시아를 고립시켰고, 이에 질세라 러시아는 에너지 수출 규제 등으로 맞서면서 서방 국가들에 타격을 주었습니다.

1990년, 미국의 유명 패스트푸드 업체 맥도날드가 러시아의 수도 모스크바에서 처음 문을 열었을 때, 세계인들은 냉전이 저물고 이제는 세계화의 시대가 왔다고 믿었습니다.[22] 한때, 우리나라에서도 세계화(Globalization)라는 말이 많이 쓰이던 시절이 있었습니다. 김영삼 전 대통령 시절, 우리 기업들의 중국 진출, OECD 가입과 자본시장 개방 등 우리 국민과 기업들이 세계 시장에 노출되면서 이른바 '글로벌 경쟁력'을 갖추기 위한 노력을 우리는 수십 년간 해왔습니다.

이런 세계화는 상당히 안정적인 것처럼 보였습니다. 국가의 자유로운 이

동과 협력은 이제 새로운 표준이 됐다고 생각했고, 압도적인 힘을 가진 강대국인 미국이 세계 질서를 좌우하면서 이런 흐름은 더 굳어지는 듯 보였습니다. 특히, 공교롭게도 러시아에 맥도날드가 진출한 시기와 같은 해인 1990년 미국은 걸프전에 참전하게 되고요. 이 전쟁을 통해 미국은 자신들의 강한 군사력을 전 세계에 과시하게 되거든요.

그리고, 세계무역기구(WTO)가 출범하고, 2000년대 들어 세계의 공장인 중국까지 가입하면서 자유무역 질서와 규범이 자리 잡고, 국가들은 대결과 폭력 대신 협력과 분업의 시대를 당연하게 여기는 듯했습니다.

그런데, 불과 30년 정도 만에 이제는 세계화가 분명히 저물고 있습니다. 앞서 살펴본 세계 질서의 대전환기가 본격적으로 시작되면서 경제 협력과 세계화라는 국제적인 협업 관계가 깨지고 있습니다. 국제정치의 대전환이 세계 경제의 대전환으로 이어지고 있는 거죠. 전쟁이 장기화하면서 러시아와 유럽의 관계는 균열이 가기 시작했고요. 상호 교류는 서서히 깨지고 있습니다.

미중 간의 갈등으로 시작된 긴장 상태가 주요 국가들 전반으로 퍼지는 모습을 보여주더니 급기야 이제는 신냉전의 시기가 왔다는 표현까지 나오고 있는 거죠. 수십년 동안 러시아에서 영업을 했던 서방 자본주의의 상징 맥도날드도 결국 러시아에서 철수했고요. 스타벅스 등 주요 기업들도 러시아와의 인연을 끊으면서 어렵게 쌓아 올린 세계의 협력 체계, 세계화의 흐름은 깨지고 있는 겁니다.

그래서, 많은 전문가들이 이런 거대한 변화를 '대전환기'라고 부르고 있습니다. 제2차 세계대전 이후, 수십 년간 지속된 국제 질서가 크게 변하는 대전환기. 그로 인해, 강대국의 영토 전쟁이 시작된 대전환기. 그리고, 영원할 줄 알았던 세계화가 저문 대전환기를 맞이하고 있는 거죠. 그리고 이런 대전환기는 로봇 시대를 부추기고 있습니다.

로봇 시대 부추기는
대전환기

국제 분업의 파괴, 리쇼어링과 프렌드쇼어링

1990년대 중국의 덩샤오핑이 개혁 개방을 시작한 이후, 지난 20년간 세계의 공장들이 중국으로 몰려들었다는 얘기를 했었잖아요? 너도 나도 인건비가 저렴한 나라를 찾아 나갔던 거죠. 특히, 주요 국가들의 공장을 빨아들인 중국은 2000년대에는 세계무역기구에 가입했었고요. 낮은 인건비로 무장한 중국발 제조업 확산을 통한 물가 안정이 세계로 번지게 되죠. 비용 경쟁력을 갖춘 중국의 제조업 인프라는 밑 빠진 독 같아 보였습니다. 아무리 돈을 풀어도 공산품 가격이 오르지 않는 신비를 보여주는 듯했어요. 세계화가 진전되면서 지구인들은 국제분업 체계라는 큰 물결에 몸을 맡긴 듯했고 저물가의 혜택을 세계인들이 골고루 누렸습니다. 그런데, 그런 흐름이 서서히 깨지게 된 거고요. 앞서 살펴본 것처럼 미국과 중국과의 패권 갈등까지 더해지면서 세계는 점점 쪼개지고 있습니다.

자, 이렇다 보니 국가 간의 교역은 어떻게 될까요? 협력이 줄어드니 물건을 사고파는 일도 줄어들 수밖에 없겠죠. 트럼프 행정부 시절, 미국은 중국과 관세 전쟁을 벌였습니다. 중국산 제품에 무거운 세금을 부과하고, 서로 경제적으로 보복하고. 이런 과정은 자유무역에 역행하는 흐름일 수밖에 없죠.

더구나, 2019년에는 코로나19까지 세계적으로 창궐하면서 상황은 더 나빠졌는데요. 코로나19 초기, 전 세계에서는 마스크 대란이 벌어졌더랬습니다. 우리도 마스크가 부족해서 공적 마스크 제도를 도입하기도 했었잖아요. 요일별로 약국 앞에 줄을 서서 마스크를 사야 했었죠. '당장, 우리 쓸 마스크도 부족한데 수출할 게 어디 있어?' 코로나19 초기에 이런 일들이 빈번하게 일어났었는데, 이게 마스크뿐 아니라 사실 산업 전 분야에서 비슷한 일이 나타나기 시작했습니다. 국가들이 물건들을 쟁여놓기 시작한 거예요. 생각해보세요. 예전에는 '필요하면 아무 데서나 사오면 되겠지' 했던 것들을 다들 쟁여놓기 시작하니까 이제는 점점 외부에서 구하기가 힘들어진 거죠. 국내에서도 요소수 사태가 벌어졌던 것 기억나시나요? 디젤 차량에 필수적으로 들어가야 하는 요소수를 대부분 중국에서 수입해오고 있었는데, 그게 갑자기 멈추니까 국내에서 요소수 대란이 불거졌던 거죠. 요소수 하나만 놓고 봐도 이럴진대, 이보다 더 중요한 것들은 얼마나 더 많겠어요. 이렇다 보니까 특히, 주요 자원이나 반도체 같은 핵심적인 산업용 부품의 경우에는 더더

2021년 대통령 취임식에서 선서를 하는 조 바이든 미국 대통령

욱 자국 중심주의가 강화되는 흐름을 보이고 있습니다.

자, 이러면 각국이 대응을 어떻게 하게 될까요? '야, 이거 물건 만드는 걸 남의 나라한테만 맡기니까 급할 때 문제가 생길 수 있구나' 깨닫게 된 것이죠. 우리나라의 경우에는 그래도 제조업 기반이 어느 정도 잡힌 나라라 충격이 상대적으로 덜한 편이었지만 제조업 기반이 없는 나라들은 선진국들조차도 어려움을 겪게 된 거죠. 심지어, 천하의 미국도 반도체 회사들을 불러서 어떻게 했습니까? 바이든 대통령이 반도체 회사들을 백악관으로 불러서 "미국에다가 직접 공장 지어라" 이렇게 말했거든요.

이제는 서로 자국에서 생산하려고 하는 거죠. 이 때문에 인건비나 땅값이 싼 곳을 찾아 나갔던 공장들이 다시 본국으로 서서히 돌아오기 시작하는 건데요. 앞서, 간단히 설명드리긴 했지만 이런 걸 '리쇼어링(Reshoring)'이라고 합니다. 영어로 Shore는 해안가를 뜻하는데요. 바다를 통해 공장들이 해외로 빠져나가는 걸 오프쇼어링(Offshoring)이라고 하고요. 반대로, 해외로 나갔던 공장들이 다시 국내로 돌아오는 건 리쇼어링(Reshoring)이라고 부릅니다.

리쇼어링의 이유가 꼭 정치적 압력 때문만은 아닙니다. 실제로, 외국에서 생산하는 비용이 늘어나고 있어요. 지금 세계에서 티격태격하는 나라들이 미국과 중국만 있나요? 러시아와 유럽도 서로 티격태격하면서 유럽 기업들도 러시아에서 일제히 철수했죠. 중국 정부가 코로나19를 잡겠다며 도시 전체를 폐쇄하는 등 강력한 규제를 내세우자 중국에서 철수하는 기업들도 크게 늘었습니다. 세계 도처에 존재하는 여러 위험 요인들이 늘어나면 늘어날수록 밖에 나가서 사업할 때 드는 비용도 올라가는 거죠.

미중 갈등, 우크라이나 전쟁, 코로나19까지 지구촌의 협력을 해치는 여러 사건들은 자의든, 타의든 전 세계적인 리쇼어링 현상을 더욱 부추기고 있는 상황입니다. "에라, 모르겠다. 그냥 우리나라 돌아가서 사업하는 게 속 편하겠다." 이렇게 만들고 있는 거죠.

여기서 그치지 않고, 바이든 행정부의 재무부 장관인 재닛 옐런은 한국을 방문해서 '프렌드쇼어링(Friendshoring)'이란 표현까지 썼는데요. 리쇼어링이 자국으로 공장들이 귀환하는 거라면, 프렌드쇼어링은 서로 친구 관계인 우방국가로 공장이 회귀하는 걸 의미하죠. 즉, "중국이나 동남아시아 같은 해외로 나갔던 한국 공장들을 미국에도 좀 지어달라" 이런 취지로 말을 한 거죠. 공장을 서로 유치하려고 하는 거죠.[23]

사정이 이렇다 보니, 이렇게 중국 등지에서 철수하는 기업들은 공장을 자국으로 옮겨 가거나 혹은 자국과 우방인 국가, 특히 우리나라의 경우 미국으로 생산 기지를 택하는 결정들을 하고 있습니다. 삼성전자도 새 반도체 공장을 경기도 평택에 짓기로 한 데 이어, 미국 텍사스에도 짓겠다고 하지 않았습니까?[24] 이런 움직임들이 다 신냉전과 탈세계화라는 거대한 흐름 속에 벌어지고 있는 거죠.

리쇼어링은 공짜가 아닙니다

그러면 한번 생각해보세요. 지금 이 책을 읽고 계신 독자분들께서 제조업체의 사장님이라고 한번 가정해보겠습니다. 자, 중국에서 운영하던 공장을 이제 미국이나 한국으로 옮긴다고 쳐볼게요. 그러면 기업 입장에서는 비용이 어떻게 될까요? 비용이 늘어날까요? 줄어들까요? 당연히 중국에서 공장을 운영하는 것보다는 미국이나 한국의 인건비나 물가가 더 비싸니까 아무래도 돈이 더 많이 들겠죠? 즉, 공장을 옮기게 되면 똑같은 물건을 중국에서 만들 때보다 돈이 더 많이 들 수밖에 없는 거죠.[25] 그러면 원가가 올라가니까 경영진 입장에서는 당연히 가격을 올릴 수밖에 없을 겁니다. 기본적으로 리쇼어링 자체는 제조업의 비용을 높이는 방향으로 진행이 되는 거죠. 이렇게 가격이 오르게 되면 당장, 소비자들은 불만이 생기겠죠. 하지만, 기업 입장에서는 억울할 수밖에 없습니다. 폭리를 취하려고 한 게 아니라 리쇼어링 때문에 비용이 높아져서 어쩔 수 없이 가격을 올린 거니까요. 그럼 한번 이렇게 고객들에게 변명을 해볼까요?

"저기요. 고객님들! 제가 폭리를 취하려고 가격을 올린 게 아니고요. 공장을 우리나라로 옮기다 보니까 어쩔 수 없이 가격이 오른 거라서요. 제발 좀 이해해주세요. 국산 제품이니까 비싸도 참고 쓰시라고요!"

아무리 억울하다고 해도 이렇게 말할 수 있을까요? 소비자들이 이런 거 신경이나 써줄까요? 글로벌 시장에서 치열하게 경쟁하는 기업들이 남들보다 조금이라도 나은 물건을 더 싸게 만들기 위해 품질 경쟁과 가격 경쟁을 하고 있는 판국에 소비자들이 이런 변명 들어주겠습니까? 즉, 생산 비용을 높이는 방식의 의사 결정에는 그만큼 큰 대가가 따르는 거죠. 이 책을 읽고 계신 독자분들게 다시 여쭤보겠습니다. 자, 그럼 이렇게 비용이 올라간 상황에서는 어떻게 대응하시겠습니까?

⑴ 그냥 비싼 값에 팔아보고 안 되면 사업을 접는다.
⑵ 어떻게든 비용 구조를 개선하려고 노력한다.

여러분의 선택은 어느 쪽인가요? 제가 보기를 좀 극단적으로 제시하긴 했지만 아마도 대다수는 ⑵번을 선택할 수밖에 없겠죠. ⑵번, 말이야 좋은 말이죠. 비용 구조를 개선하면 물론 좋죠. 비용 구조를 개선한다는 건 기존보다 비용을 줄이는 노력을 한다는 거니까요. 그럼 이번엔 다른 질문을 하나 더 드려볼게요. 비용 구조, 그러면 어떻게 개선하시겠습니까? 비용을 어디서 줄일 수 있을까요?

하나씩 생각해보죠. 일단, 재료비를 깎을 수 있나요? 원재료는 말 그대로 원가에 해당하는 건데, 재료는 어디 가서 빼앗아오지 않는 이상 제값 주고, 사와야겠죠. 그럼, 어떤 비용을 줄일 수 있을까요? 에너지 비용을 줄일 수 있나요? 우크라이나 전쟁 이후, 원유나 가스 수급에 문제를 겪으면서 국제 에너지 가격은 오히려 오르는 상황인데, 에너지 요금을 줄이기도 쉽지 않습니다. 그럼 한번 생각해봅시다. 어떤 비용을 줄여야 할까요? 떠오르셨나요?

바로, 인건비입니다. 많은 기업들이 1990년에서 2000년대를 거쳐, 동남아시아 등 개발도상국에 진출했던 가장 큰 이유는 저렴한 인건비 때문이었죠. 그런데, 이걸 버리고 다시 미국 등 선진국으로 공장이 돌아오면 인건비 부담이 다시 커지게 되겠죠. 그럼 우선적으로 인건비 절감을 생각할 수 있겠죠. 자, 그럼 인건비를 어떻게 하면 줄일 수 있을까요? 이것도 한번 생각해봅시다.

인건비를 줄이는 방법은 크게 두 가지입니다. 일단, 월급 자체를 줄이거나, 아니면 직원 수를 줄이거나. 자, 하나씩 보죠. 비용 부담이 커진다고 해서 무턱대고 직원들을 줄일 수 있을까요? 직원을 줄여서 생산성이 떨어지면 그만큼 더 손해가 크기 때문에 함부로 줄일 수는 없죠. 그럼 직원들의 월급을 줄이면 어떨까요? "아니, 지금 물가가 올라서 월급을 더 올려줘도 모자랄 판에 월급을 줄인다고요? 누굴 무슨 악덕 사장으로 만들 셈입니까?" 이렇게 반문하실 분이 계실지도 모르겠습니다.

저에게 둘 중 하나를 고르라면 저는 직원 월급을 줄이는 쪽을 택하겠습니다. 그럼 또 생각해봅시다. 월급을 얼마나 줄이면 될까요? 기왕이면 많이 줄일수록 좋은 거 아닌가요? 좋습니다. 저는 파격적으로 월급을 삭감해보려고 합니다. 저는 월급을 100% 삭감해보려고 합니다. "아니, 월급을 100% 줄이면 0원이 되는데, 이게 무슨 말이냐고요?"

앞서 1부에서 살펴본 아즈텍 제국 이야기 혹시 기억나세요? 유럽 지배자들이 라틴아메리카 식민지에서 일손은 더 많이 필요한데, 월급도 주지 않고 일을 시켰던 방식. 바로, 노예를 수입하는 것이었잖아요. 그와 비슷한 해법을 찾게 되는 거죠. 이제 눈치채셨습니까? 미중 갈등과 우크라이나 전쟁, 그리고 신냉전. 이로 인해 무너지는 세계화. 그로 인해 망가진 비용 구조와 그로 인해 벌어지는 각국의 공장 쟁탈전인 리쇼어링. 바로, 이런 일련의 흐름이 가져올 사회적 변화는 현대판 노예, 기계 노예. 바로, 로봇과 인공지능으로 무장한 자동화의 빠른 확산인 겁니다.

실제로, 많은 기업들이 생산지를 개발도상국에서 선진국으로 옮겨오면서 사람이 하던 일을 기계로 대체하는 작업을 빠르게 진행하고 있고요. 우리 정부에서도 해외 공장을 국내 유치하기 위해 스마트 공장 지원에 적극 나서고 있는 상황입니다.

정부 입장에서도 고민이 되는 거죠. 일단, 공장을 국내로 다시 유치는 하고 싶은데, 국내로 들어오면 인건비 부담이 커질 테니 어지간해서는 잘 안 들어오려고 하지 않겠어요? 그러니, 이걸 스마트 공장, 즉 로봇으로 대체하라는 거죠. 그래서 리쇼어링 기업들에게 자동화를 지원하고 있는 겁니다. 물론, 국내에 없던 공장이 들어오게 되면 예전보다 일자리가 늘어나고, 이로 인한 세금 수입도 늘어날 수 있겠죠. 하지만, 신냉전 국면에서 본격적으로 진행되고 있는 리쇼어링으로 인한 공장 유치는 과거 노동집약적인 제조업의 전형적인 일자리 창출과는 분명 차원이 다르다는 것이고요. 또, 이로 인해 스마트 공장의 설비 보급이 늘게 되면 그만큼 로봇 도입의 문턱과 정비 비용도 낮아지겠죠. 그럼 로봇의 보급이 더 빠르게 늘지 않을까요? 로봇 시대가 당겨지진 않을까요? 마치, 낯설었던 분식집의 키오스크가 어느 순간 대세가 되었듯이 말이죠.

공급 충격에 기후 위기까지

국제 분업의 파괴는 그 자체로 생산 비용의 증가를 가져왔고요. 리쇼어링을 부추기는 것과 별개로, 전 세계적인 물가 상승을 일으켰습니다. 세계적으로 생산 효율이 깨진 데다 에너지 요금까지 폭등하면서 곳곳에서 물자 부족 사태도 일으키고 있죠.

특히, 원자재 가격 인상에 의한 경기 침체는 경제학에서는 '스태그플레이션'이라고 부릅니다. 경기 침체를 동반한 물가 상승을 의미하는데요. 보통, 장사가 안 되면 물건 값을 내려서 매출을 올리는 게 일반적이지만 원자재 가격 상승이 발생하면 물건이 안 팔려도 가격을 내릴 수가 없거든요. 생각해보세요. 원가 이하로 손해 보면서 팔 수는 없잖아요. 그래서, 가격은 올라

아마존 물류 로봇

가는데 물건은 안 팔리는 상황이 나타나는 건데요. 이렇다 보니 전반적으로 원자재 가격 인상분을 상쇄할 만한 비용 절감 노력이 필요할 수밖에 없고요. 이 역시, 자동화를 통한 생산비 절감을 유도하는 방향으로 흘러갈 수밖에 없습니다.

생산 비용 자체를 줄일 수 없다면 유통 비용이라도 줄여야 하지 않겠어요? 이 때문에 물류 분야에서도 로봇 도입이 늘어날 수 있는 환경이 조성되고 있습니다. 실제, 글로벌 물류 시장의 규모는 2024년에는 86억 4,000만 달러, 우리 돈 12조 3,000억 원이 넘을 거라는 조사 결과도 있거든요.[26] 바꿔 말하면, 공장에서 물건도 로봇이 만들고, 배달도 로봇이 하는 세상이 점점 다가올 수 있는 거죠.

게다가, 기후 문제도 점점 심각해지고 있습니다. 과거에는 많은 언론이나 보고서에서 '기후 변화'라는 말을 많이 썼습니다. 영어로는 Climate Change 죠. 그래서, 지구의 온난화를 극복하자는 운동이 많이 진행됐는데요. 요즘은 어느새 기후 변화라는 말이 슬그머니 사라졌습니다. 그리고, 그 자리에는 기후 위기라는 말이 들어왔습니다. 이제는 Climate Crisis 시대입니다. 사람이 살기 힘들 정도의 높은 온도를 보이는 도시가 속출하고요. 또, 태풍이나 허리케인의 강도도 예전보다 강해져 피해를 키우는 사례들이 속출하고 있죠. 더구나, 지구촌 한쪽에서는 홍수로 신음하고 있는데 다른 한쪽에서는 가뭄으로 고통받는 상황도 나타나고 있습니다.

이렇게 기후 위기 상황에서 식량은 부족해지고, 인류의 생존이 위협받을 수 있다는 위기감이 높아지면서 역시 이에 대한 대안으로도 로봇이 거론되고 있습니다. 스마트팜으로 대표되는 지능형 농업 솔루션들이 농업 생산성을 높이고 있고요. 실제로, 전라남도 담양군에서는 미국의 로봇 기반 농업 기업과 협약을 맺고, 국내 기초자치단체 가운데 최초로 로봇 전자동화 온실을 추진한다고 밝히기도 했습니다.[27]

국제정치 지형의 변화로 인한 기업의 대응, 여기에 원자재 가격 상승에 의한 기술 혁신 필요성, 기후 위기 대응을 위한 수단…. 우리를 감싸고 있는 외부 환경들을 뜯어보면 문제의 유형은 조금씩 다르지만 해법은 결국 하나를 가리키고 있다는 걸 알 수 있습니다. 바로 로봇 시대입니다. 그래서, 안보와 경제, 기후의 대전환기가 코로나19 이후 본격화하고 있는 로봇 시대를 더욱 부추기고 있는 거죠. 2050년이 되면 인간보다 로봇이 더 많아질 거라는 전망까지 나오는 상황에서 우리의 미래는 어떻게 될까요?[28] 이제는 피할 수 없는 로봇 시대는 과연 어떤 모습으로 우리에게 찾아올까요?

로봇 시대 미리 보기

포에니 전쟁이 만든 '로봇'
로마의 '로봇'이 가져온 위기
'빵과 서커스' 이후, 나타난 일들

3부

로봇 시대 미리 보기

1부에서 우리는 과거 전염병의 역사를 통해 코로나19 이후, 인류가 맞이할 변화는 어떤 방향인지 조심스럽게 예측해봤습니다. 스페인 독감이나 흑사병 같은 질병은 많은 이들의 목숨을 앗아간 대신, 남은 이들의 몸값을 높여주는 변화를 가져오기도 했지만 라틴아메리카에서 정복자들이 퍼뜨린 천연두는 오히려 원주민들을 절멸시키고, 필요한 인력을 노예로 충당하는 노예제도를 불러온 단초가 되기도 했다는 이야기를 했었죠. 그리고, 지금의 코로나19는 젊은 층의 사망률이 높지 않음에도 불구하고 그 대가로 높은 방역 비용을 부담하게 만들면서 비용을 줄일 수 있는 각종 로봇의 도입을 앞당기고 있다는 이야기를 했습니다.

2부에서는 이런 로봇 시대로의 변화가 더 빨라질 수밖에 없는 거시 환경에 대한 이야기를 했습니다. 미중 갈등과 러시아의 우크라이나 침공으로 대표되는 신냉전 국면, 국가들 간의 교류와 협력이 깨지는 탈세계화 움직임은 물자의 공급을 가로막게 되고, 물가를 높이는 인플레이션의 악순환에 빠지게 만드는 것을 확인했죠. 이런 상황에서 결국 개별 국가들이 이른바 리쇼어링으로 대표되는 자국 내 생산을 추진하게 만들면서 물가 부담은 더욱 커지게 되고, 이를 통해 제조업과 물류 분야의 로봇 도입은 더욱 빨라질 수 있다는 점을 짚어봤습니다.

게다가, 기후 위기는 농작물의 작황과 물류 시스템까지 악화시키면서 가뜩이나 높아진 물가 인상 압력을 더욱 높이고 식량 위기를 불러올 수밖에 없는데요. 이에 대한 대응 역시 로봇 보급을 늘리는 방향으로 움직이고 있죠.

로봇 시대를 앞당기고 이걸 더 부추기는 지금의 이런 흐름들은 우리가 원했든 원치 않았든 상관없이 우리에게 찾아왔고, 이제 우리가 막아낼 뾰족한 방법도 없는 상황입니다. 그러면, 일단 우리는 이런 달라진 환경에 어떻게든 적응해야 하겠죠. 자, 그럼 우리는 어떻게 여기서 살아남을 수 있을까요?

이에 대한 얘기를 하기 전에 로봇 시대는 과연 우리에게 구체적으로 어떤 변화를 가져다줄지 살펴볼 건데요. 이걸 알기 위해 3부에서는 과거의 역사를 통해 우리가 맞이할 로봇 시대의 모습을 조심스럽게 예측해보려고 합니다. 로봇 시대는 미래의 얘기인데 역사 속에서 어떻게 로봇 시대를 예측할 수 있냐고요? 저는 지금부터 자그마치 2,000년의 역사로 날아가 로봇 시대를 예측해볼 건데요. 제가 이렇게 얘기하니까 이건 또 무슨 소린가 싶으시죠? '아니, 2,000년 전에는 로봇이 없었는데, 어떻게 과거 역사를 통해 로봇 시대를 알 수 있다는 거지?' 이런 생각하시는 분도 계실지 모르겠는데요. 믿기 힘드시겠지만 2,000년 전에도 '로봇'을 사용하던 시절이 분명히 있었습니다. 과연 이건 또 무슨 소리일까. 로봇 시대를 엿보기 위한 시간 여행을 3부에서 함께 떠나보시죠.

포에니 전쟁이
만든 '로봇'

제가 고등학교나 일반 대중분들을 대상으로 한 강연에 가면 항상 묻는 질문이 있습니다. "로봇 시대는 어떨 것 같으세요?" 이렇게 묻거든요. 그럼 많은 분들이 한결같이 하시는 답변이 있습니다. 바로, "일자리가 줄어들 것 같다"고 예측하시는 경우가 많습니다. 이건 뭐 누구나 쉽게 예측할 수 있는 부분 같기도 하죠. 인간이 하는 일을 대신 해주는 게 로봇이니, 당연히 인간이 일자리를 위협하겠죠. 여기까진 아주 자연스럽습니다. 그럼 그다음으로 우리의 일자리가 위협을 받게 되면 어떤 일이 일어날까? 이 생각을 해볼 필요가 있는데요. 자, 로봇 시대에 일자리가 줄어들면 과연 우리에겐 무슨 일이 일어날까요? 이걸 알기 위해 지금부터 우리는 잠시 눈을 감고 또 시간 여행을 떠나보려고 합니다. 지금으로부터 대략 2,100년 전의 아프리카, 그중에서도 북아프리카 지역으로 한번 떠나보겠습니다.

지중해의 패권을 다툰 두 나라, 로마와 카르타고

자, 지금은 기원전 146년입니다. 로마 시대죠. 넓게 펼쳐진 지중해 바다를 한번 상상해보세요. 여러분이 계신 곳은 지금의 튀니지가 있는 곳입니다. 지도를 살펴보면 이탈리아와 지금의 튀니지 지역은 지중해를 두고 서로 마주보고 있죠. 하지만, 당시에는 이곳을 튀니지라고 부르지 않았고요. 카르타고

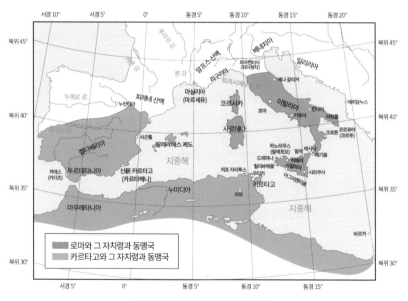

지중해 주변 로마와 카르타고 지도

라고 불렀습니다. 그러니까 여러분은 지금으로부터 2,100여 년 전인 기원전 146년의 카르타고에 와 계신 거예요.

카르타고는 고대 페니키아인들이 건설한 도시 국가였어요. 근데, 지도 모양을 보면 좀 이상한 게 느껴지지 않으세요? 카르타고의 땅 모양 좀 보세요. 길쭉하게 해안선을 따라 자리 잡은 걸 볼 수가 있죠. 카르타고는 지중해의 해상 무역을 통해 부를 축적한 나라였어요. 그래서, 영토도 바다를 끼고 발달했던 걸 엿볼 수 있습니다. 당시, 카르타고의 인구는 대략 25만 명 정도로 알려져 있습니다. 도시 인프라도 비교적 잘 갖춰진 대도시였다고 전해집니다. 지금은 북아프리카 지역에도 척박한 땅이 많아졌다고 하는데요. 당시 카르타고는 토지도 매우 비옥했다고 합니다. 생각해보세요. 아름다운 바다도 펼쳐져 있고, 지중해에서 다양한 해산물도 나고, 비옥한 땅에서는 농산물도 많이 나고, 더구나 해상 무역을 통해 돈도 많이 벌 수 있으니 카르타고에서는 살기 좋았겠죠? 지중해의 패권 국가였겠죠?

한편, 로마는 기원전 272년에 세력을 확장하면서 이탈리아 반도 전체를 차지하게 되는데요. 이제 반도를 다 차지했으니 로마가 팽창하려면 지중해를 뚫고 나가야 하는 상황이었죠. 당시 지중해를 카르타고가 장악하고 있었으니까 로마 입장에서는 세력 확장을 위해서 카르타고는 한번은 넘어야 할 대상일 수밖에 없었습니다. 로마는 이탈리아 반도 인근의 시칠리아 섬을 차지하려고 했는데요. 당시, 시칠리아 섬은 카르타고의 영향권 안에 있었다고 합니다.

한 하늘에 두 개의 태양이 뜰 수는 없겠죠. 이 과정에서 로마와 카르타고의 충돌은 피할 수 없었습니다. 카르타고 입장에서는 지중해의 패권을 지켜

세바스티앙 슬로츠의 한니발 조각상

야 하는 상황이었고, 반면 로마 입장에서는 지중해로 진출해 영향력을 키워야 하는 상황이다 보니 결국 둘은 맞붙게 됩니다. 그래서, 기원전 264년부터 전쟁이 시작되는데요. 당시 로마인들은 페니키아인들을 '포에니'라고 불렀다고 합니다. 그래서 바로 이 전쟁을 '포에니 전쟁'이라고 불러요. 전쟁은 모두 세 차례에 걸쳐 일어나는데요. 1차 포에니 전쟁에서는 로마가 승리하게되고 시칠리아 섬을 차지하게 됩니다. 그리고, 카르타고가 패배를 설욕하기위해 벌인 두 번째 전쟁이 바로 2차 포에니 전쟁입니다. 2차 포에니 전쟁에서는 너무나도 유명한 카르타고의 한니발 장군이 출정하게 되죠.[1] 뭐, 지금 우리가 고대 전쟁사를 자세히 보는 시간은 아니니까 포에니 전쟁의 배경만 간단히 알아두시고요. 우여곡절 끝에 마지막 3차 포에니 전쟁에서 카르타고는 결국 로마제국에 완전히 패배합니다. 카르타고는 멸망하고 역사 속에서 사라진 거죠. 이 전쟁을 통해 지중해에서 눈엣가시를 제거한 로마는 절대 강국으로 떠오르게 되고요. 패권 국가로 본격적으로 부상하게 됩니다. 이제는 적수가 사라진 거죠.[2] 실제로, 포에니 전쟁 승리를 기점으로 영토가 점점 넓어지고 거대 제국으로 나아가기 시작합니다.[3]

로봇 시대의 미래를 얘기한다면서 느닷없이 포에니 전쟁 이야기는 왜 나왔냐고요? 자, 바로 지금부터 나옵니다. 로봇 시대를 엿보기 위해 카르타고를 정복한 이후 로마제국이 한 선택에 주목해야 하는데요. 과연 전쟁에서 승리한 로마는 어떤 선택을 했을까요? 제가 조금 전에 카르타고가 당시로서는 도시 인프라를 갖춘 대도시였다고 말씀드렸었잖아요. 만약에 이 책을 읽고 계신 독자분들이 로마제국 황제였다면 이 대도시를 어떻게 하셨을 것 같으세요? 저라면, 솔직히 정복한 이후에 거기 있는 항구며, 집이며 각종 시설들 그대로 유지하면서 잘 썼을 것 같다는 생각도 드는데요. 이런 제 생각과는 정반대로 당시 로마군은 카르타고의 모든 시설들을 말 그대로 '싸그리' 태워버렸다고 전해집니다. 무려 17일 동안 도시가 불탔다는 기록이 남아 있습니다. 이 정도면 거의 씨를 말렸다고 표현해야 할 정도로 철저하게 파괴한 거죠. 그만큼 로마는 카르타고가 다시 살아나는 게 두려웠던 것 아닐까요? 로봇 시대의 모습을 예측해보겠다면서 왜 난데없이 포에니 전쟁에 대해 얘기를 한 건지 이제 말씀드리겠습니다. 바로 여기서부터 로마에도 '로봇 시대'가 시작됩니다. 2,000년 전 로마에 로봇이 웬 말이냐고요?

로마에 들어온 '카르타고 로봇'

포에니 전쟁 이후 로마는 카르타고를 모조리 불태웠잖아요. 그런데, 전쟁 이후, 카르타고에서 살아남은 사람들은 대략 5만 명 가까이 된다고 하거든요. 원래 카르타고에 살던 사람들인데 삶의 터전이 모두 불타 잿더미가 됐으니 이 사람들은 오갈 데가 없잖아요. 전쟁 포로 혹은 생포된 민간인들은 어떻게 됐을까요? 로마제국은 이들을 본국으로 데려갑니다. 이렇게 잡혀간 사람들이 가서 뭘 했을까요?

바로 로마는 이들을 모두 노예로 만들게 됩니다. 로마 귀족들을 대신해 일을 해줘야 하는 노예가 된 거죠. 앞서 1부에서 로봇의 어원이 '강제 노동'에서 왔고, 21세기판 노예가 로봇이란 얘기를 했었는데요. 당시로서는 5만 명의 살아 있는 로봇들이 로마 사회로 유입이 된 겁니다. 그러면서 본격적으로 로마에 '로봇 시대'가 생겨나게 된 겁니다. '로봇'이 대거 합류한 로마 사회는 이후 어떤 변화를 맞이했을까요? 로마제국에 큰 충격을 가져왔는데요. 대규모 노예 유입 이후 로마에 생긴 변화를 살펴보면 우리가 맞이할 로봇 시대가 어떤 모습일지 시사점을 얻을 수도 있지 않을까요?

로마의 '로봇'이
가져온 위기

로마 사회에 노예가 유입된 이후의 변화를 살펴보기 전에 잠시 군대 얘기를 먼저 해보겠습니다. 한국전쟁 이후, 우리나라의 군 복무 기간은 1953년에는 36개월이었다고 해요. 의무 복무 기간이 3년을 꽉 채웠던 거죠. 그러다 점차 군 복무 기간이 줄어들게 되고요. 2020년부터는 육군이나 해병대는 18개월까지 감축이 됐습니다. 이제는 1년 6개월만 복무하면 되는 거니까 반세기 만에 군 복무 기간이 절반으로 줄어든 거죠. 이렇게 우리나라는 시간이 지날수록 군복무 기간이 점점 줄어들었죠. 그런데, 로마 사회에서는 이와는 반대로 시간이 흐를수록 군 복무 기간이 점점 늘어났다고 합니다. 왜 그랬을까요? 바로, 원정 거리 때문이었습니다.

늘어난 영토와 길어진 군 복무

보통 다른 나라와 전쟁을 치를 때 전장으로 멀리 원정을 떠나게 되잖아요. 초기 로마의 경우에는 아무래도 영토의 범위도 상대적으로 작았으니까 원정 기간도 짧았다고 합니다. 근처에서 전쟁을 하니까 금방 다녀올 수 있었던 거죠. 당시, 로마의 농민들은 전쟁과 농사를 번갈아 가면서 수행했습니다. 당시에는 비료가 있거나 그랬던 게 아니기 때문에 한 해는 농사짓고, 한 해는 쉬고 이랬다고 해요. 쉬는 동안에는 전쟁에 나가서 1~2년 정도 군 복무를 하고 오면 그 사이 땅이 지력을 회복하고, 그러면 다시 농사짓고 이랬던 거죠. 즉, 농사지을 때는 농민으로 농사지어 먹고살고, 잠시 농사를 쉴 때는 군인으로 전쟁을 해서 먹고살고요. 이런 선순환⑦ 구조가 가능했던 거죠.

그런데, 포에니 전쟁 이후, 본격적으로 로마가 패권 국가가 되기 시작하면서 이 구조에 문제가 생기기 시작해요. 아까 제가 포에니 전쟁 이후, 로마 제국이 본격적으로 패권을 장악하고 팽창했다고 말씀드렸잖아요. 포에니 전쟁 이후, 로마는 지중해를 건너 이제 아프리카 대륙에도 식민지를 건설하게 된 거잖아요. 남쪽으로는 아프리카, 오른쪽으로는 중동과 중앙아시아, 그리고 왼쪽에는 서유럽까지. 로마 땅이 점점 넓어지기 시작한 거죠. 이러니까 로마의 관할 구역도 점점 넓어진 거죠. 바꿔 말하면, 군인들의 원정 거리가 길어진 겁니다. 당시에는 군대가 이동할 때, 지금처럼 비행기나 헬기를 타고 갈 수 있는 것도 아니잖아요. 보통, 기병들은 말을 타거나 보병들은 걸어서 이동해야 하는데, 점령한 땅이 점점 많아지니까 그만큼 전쟁을 할 때도 물리적 이동 거리가 너무 길어진 거죠. 이러니 전쟁에 한 번 다녀오면 몇 년 씩 걸리는 경우도 생기게 되고요. 길게는 10년 만에 돌아오는 경우도 있었다고 하니 말 다했죠. 요즘으로 치면 아빠가 한두 번 전쟁 다녀오면 애가 어느새 중학생이 돼 있고, 고등학생이 돼 있는 거죠. 그리고, 보통 전쟁에 투입되는 군인은 건장한 남성들이잖아요. 남성 중심의 사회였던 로마에서 한 가정의 경제활동을 책임져야 할 남성들이 전쟁에 가면 가족들의 생계는 누가 책임지겠어요? 가정 경제가 몰락하는 일이 벌어지게 되죠.

방치된 농지, 타격 입은 자영농

문제는 이뿐만이 아니었습니다. 이런 장기간의 원정은 땅까지 망가뜨렸어요. 이게 무슨 소리냐고요? 조금 전에 말씀드린 대로 한번 농사를 짓고, 잠시 농사를 쉬면 그동안 땅이 지력을 회복하고 다시 농사를 지을 토대가 마련이 되어 이게 반복이 되어왔던 건데요. 전쟁이 길어져서 농사를 거의 10년 동안 안 짓고 농토를 방치하면 어떤 일이 벌어질까요? 우리가 주말농장 같은 걸 해봐도 상추 같은 작물 심어놓고 몇 주만 제대로 돌보지 않아도 밭이 엉망이 되거든요. 땅은 적극적으로 가꿔줘야 생산력이 유지되는 건데, 원정 기간이 너무 길어져서 농민들이 한동안 돌아오지 않으면 지력을 회복하는 게 아니라 아예 농지 자체가 황폐화되면서 망가지는 거고요. 그러면 돌아와서도 먹고살 수단인 농지가 사라지는 상황에 놓이게 된 거죠.

'로봇'과 경쟁한 로마 농민들

길어진 군 복무로 가장이 자리를 비운 사이, 가족들도 생계도 어려워졌지. 그 사이 가꿔놓은 농지도 망가졌지. 그 자체로 로마의 영토 확장과 장거리 원정은 농민들에게 많은 부작용을 낳았는데요. 농민들에게는 엎친 데 덮친 격으로 이보다 더 큰 충격이 또 발생합니다. 바로 '로봇'과의 경쟁이었습니다. 조금 전에 포에니 전쟁 이후, 수만 명의 카르타고인들이 노예로 로마에 왔다고 말씀드렸었잖아요. 여기서 그치지 않고, 로마는 포에니 전쟁 이후, 전쟁을 통해 영토를 점점 더 넓혔잖아요. 그러면서 전쟁을 지속하게 됐고요. 여기에서 잡은 포로들을 노예로 만들면서 더 많은 노예들이 로마 사회에 유입됩니다. 로봇들이 점점 늘어난 거죠.

이런 노예들은 대부분 귀족들이 차지했고요. 귀족들은 자신의 농지에서 이런 노예들을 통해 농사를 지은 거죠. 이러니 일반 농민들은 힘들게 농사를 지어도 게임이 안 된 거죠. 더구나, 귀족들은 농토도 훨씬 컸거든요. '살아 있는 로봇'인 노예를 활용해서 대량 생산을 하는 귀족들과 스스로 경작을 해서 먹고살아야 하는 농민이 붙으면 게임이 됐을까요? 그러니까 농민들은 입장에선 기분이 어떻겠어요?

오랜 전쟁에 시달리고 돌아왔는데 농지는 망가져 있지, 힘들게 지어봐야 노예 부리는 귀족들과는 경쟁이 안 되지, 그러니 어떻게 하겠어요? 대기업 프랜차이즈 매장이 골목 상권에 들어오면 동네 가게들이 문 닫잖아요. 그것과 비슷한 상황이 벌어진 거예요. 빚을 감당하지 못해, 자신이 가진 땅을 귀족에게 넘기고 자신도 노예가 되기도 한 거죠. 시민들의 삶이 어려워지기 시작한 겁니다. 즉, 자기 땅에서 스스로 농사지어 먹고사는 자영농은 몰락하게 되었습니다.

반면, 대농장을 경영하는 귀족들의 땅은 점점 커지죠. 대농장, 즉 대기업만 점점 커진 거죠. 이런 대농장을 '라티푼디움(Latifundium)'이라고 부르는데요.[4] 어찌 보면, 그 당시 로마 귀족들의 라티푼티움은 지금의 자동화 스마트팜이랑 비슷한 거라고 볼 수도 있겠습니다. 다만, 인공지능이 아닌 인간지능 로봇을 사용하는 농장이었던 거죠.[5]

자영업의 몰락과 중산층의 붕괴

근데 여기서 끝이 아니었습니다. 농촌 사회만 붕괴된 게 아니었어요. 농민들도 삶이 많이 어려웠겠지만 당시 로마도 대도시다 보니까 농업 말고, 빵 가게나 식당 같은 서비스업도 있었겠죠. 자, 그런데 생각해보세요. 만약에 여러분들이 고대 로마의 귀족이라면 집에서 노예들이 빵도 만들고, 요리도 할 수 있는데 굳이 나가서 사 먹을 일이 있을까요? 어지간한 서비스는 노예들이 대부분 할 수 있으니까 자연스럽게 서비스업도 위축될 수밖에 없겠죠. 더구나, 노예들은 주인들의 입맛에 딱 맞게 요리도 하고, 맞춤형으로 일을 할 수도 있잖아요. 요즘 식으로 표현하면 로마 사회에서 '로봇'이 보급되면서 사람의 일자리를 빼앗아간 상황이 됐다고 볼 수 있는 거죠.[6]

우리가 흔히 로봇이라고 하면 기계를 연상시키기 때문에 노예라고 하면 육체노동을 대신 해주는 존재로만 상상하기 쉬운데요. 당시 로마에서 노예들이 진출한 분야는 분야를 가리지 않고 다양했다고 전해집니다. 영화 〈글래디에이터〉로 잘 알려진 로마의 검투사들[7], 목숨을 걸고 원형 경기장에서 싸우면서 로마의 엔터테인먼트 산업에 종사한 사람들이었는데요. 지금으로 치면 이들의 직업은 스포츠 스타에 가깝겠지만 당시 신분은 모두 노예들이었고요. 여성 노예들은 요리사나 하녀로도 많이 동원됐죠. 1세기 말쯤 되면 많게는 로마 사회에 300만 명 가까운 노예가 있었다고 하니 규모는 점점 커진 거죠. 로마에 '로봇 시대'가 열린 겁니다. 심지어 고대 로마의 노예 중에는 의사도 있었다고 하니까 지금으로 치면 정말 다양한 분야에서 '지능형 스마트 로봇'들도 활동했던 거죠. 노예들이 농사를 짓기 시작하면 농민들이 몰락하고, 노예들이 빵을 만들면 빵 가게가 문 닫을 수밖에 없었겠죠?

결국, 포에니 전쟁 이후 급격한 로마 사회의 노예 유입은 자영농의 몰락과 함께 급격한 중산층 붕괴를 불러오게 됩니다. 노예를 이용했던 귀족들은 점점 더 큰 농장에서 더 편리하게 더 많은 부를 쌓게 되고, 평범한 시민들은 극빈층으로 전락하게 되는 거죠. 그러다 노예가 되기도 했고요. 즉, 로마 사회에 극심한 양극화가 시작된 겁니다. 포에니 전쟁 이후, 로마는 지중해의 패권도 장악하고 영토도 넓어지고 더 많은 부를 쌓게 되었지만 결과적으로 이건 소수의 귀족들에 국한된 얘기였고요. 양극화에 내몰린 대다수의 시민들은 위기를 맞이했던 거죠. 포에니 전쟁의 승리가 역설적으로 로마의 발목을 잡았다고 볼 수도 있는 겁니다.

그래서, 4차 산업혁명과 코로나19, 그리고 지금의 대전환기가 앞당길 로봇의 보급이 가져올 세상을 예측하려고 할 때, 고대 로마의 시기를 통해 시사점을 얻으려는 시도들이 있습니다.[8] 고대 로마의 사례에 비춰보면 로봇과 인공지능이 우리 사회에 가져올 변화의 핵심 키워드는 '중산층 붕괴'와 '극심한 양극화'라고 할 수 있겠는데요. 많은 전문가들이 21세기 인류에게도 비슷한 위기가 닥칠 수 있다는 경고를 내놓고 있습니다. 실제로, 아직 로봇 시대가 본격적으로 시작하지 않았는데도 많은 지표들이 양극화가 점점 심각해지고 있음을 보여주고 있죠. 게다가 코로나19를 거치면서 이런 흐름에는 가속이 붙고 있습니다. 중산층이 비어가고, 양극화가 커지는 지표들이 세계 각국에서 나타나고 있는 상황인데요.[9] 이 내용은 4부에서 좀 더 자세히 살펴보기로 하고요. 그럼 여기서 문득 궁금해집니다. 이런 위기, 당시에 로마는 이런 양극화 문제를 어떻게 극복하려고 했을까요?

'빵과 서커스' 이후,
나타난 일들

　'살아 있는 로봇'의 보급은 로마의 시민들의 삶을 피폐하게 만들었습니다. 귀족들만 보면 이들은 잘 먹고 잘살 수 있었죠. 하지만, 대다수의 시민들은 궁핍해졌습니다. 그런데, 이렇게 제대로 먹고살지 못하는 시민들이 늘면 귀족들도 편히 살 수 있을까요? 뭐, 처음에야 나만 잘 먹고 잘살면 되지, 이런 귀족들이 있었을 수도 있겠지만 사회의 빈부격차가 점점 커지고 양극화로 인한 불균형이 심해지면 귀족들에 대한 시민들의 반감이 커지게 되죠. 그렇다 보니까, 선을 넘는 심각한 양극화는 귀족들 입장에서도 위기일 수 있는 겁니다.

노예 반란과 좌절된 토지 개혁

더구나, 자영농 중산층은 국방의 의무를 해주는 병역 자원이기도 했습니다. 이들이 하층민 노예 계급으로 전락하게 되면 군대로 차출한 인구도 부족하게 되죠. 상류층 귀족들 입장에서는 자신의 재산을 지켜줄 군대를 유지할 수 없게 되는 거죠. 군대 갈 사람들이 다 노예가 되어 귀족들 수발만 들

스파르타쿠스 조각상

면 그 사회가 어떻게 되겠어요? 사회의 기능을 유지할 수 있을까요? 세금 내고, 국방의 의무를 해줄 사람이 있어야 유지가 되는 거잖아요. 그렇다 보니까 귀족들도 좌불안석이 될 수밖에 없었던 거죠.

결국, 고대 로마 사회에 켜켜이 쌓여 있던 압력은 결국, 터지고 마는데요. 기원전 135년 노예들이 반란을 일으키기 시작합니다. 이게 바로, 1차 노예 전쟁인데요. 포에니 전쟁 이후, 대략 10년 정도 지난 시점이었습니다. 하층 노예들 입장에서는 이래 죽나 저래 죽나 우린 마찬가지다 이러면서 하층민들이 들고 일어난 겁니다. 우리가 예전에 국사 시간에 배운 고려시대 '망이·망소이의 난' 같은 거죠.[10] 결국, 노예의 난은 진압되지만 로마 사회가 위기를 드러낸 거죠. 조금 전에 얘기한 검투사들, 글래디에이터들도 반란을 일으키는데요. 이게 바로 그 유명한 '스파르타쿠스의 난'입니다. 이건 미국에서 드라마로도 제작되기도 했었죠.

이런 위험한 상황을 그대로 두면 큰일이잖아요. 노예 전쟁, 바로 이듬해에 이걸 개혁하겠다는 정치 세력이 나타나죠. 즉, 양극화 문제를 해소하겠다는 정치인들이 등장합니다. 그라쿠스 형제라는 정치인들이었는데요. 일단, 귀족들의 부동산 문제부터 겨냥합니다. 귀족들의 토지 소유 상한을 정하는데요. 이거 지금으로 치면 다주택자 규제 같은 거 아니었을까요. 그러면서, 동시에 불법으로 소유한 토지는 농민들에게 다시 나눠주기로 하는 농지법 개혁안을 내놓습니다. 이렇게 해서라도 시민들의 불만을 잠재우고 사회 안정을 꾀하려고 했었던 거죠.

사회의 양극화를 분명 귀족들도 문제로 인식은 했을 텐데요. 그렇다고

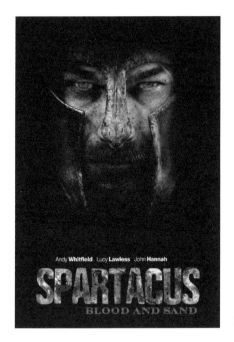

미국 드라마 <스파르타쿠스>

막상 내 재산 빼앗아간다는 데 좋아할 귀족은 없었겠죠? 그래서, 그라쿠스
형제의 개혁안은 귀족들의 거센 반발에 부딪히게 됩니다. 우리가 지금 로마
사를 자세히 다루는 시간은 아니기 때문에 결론만 말씀드리면요. 토지 개혁
을 추진하던 그라쿠스 형제는 결국 귀족 세력에 의해 죽임을 당하게 됩니다.
개혁이 좌절된 거죠.

　로마의 귀족 세력들 일단 토지 개혁을 저지하긴 했는데, 그렇다고 누적된
사회의 불만을 해소하지 않고 갈 순 없었겠죠? 노예들이 반란을 일으킬 정
도로 압력이 쌓여 있는데 개혁마저 좌절됐으니 귀족들 입장에선 해결책이

필요했을 겁니다.

인류 최초의 기본소득 '빵과 서커스'

양극화에 신음하는 시민들이 먹고사는 문제를 해결해줘야 했던 로마 사회. 노예 전쟁이 일어난 지 10년 정도 지난 기원전 123년 무렵이 되면 로마는 이제 시민들에게 무료로 식량을 제공하기 시작합니다. 한 달 치 먹을 빵을 무료로 나눠주는 무상 급식을 실시하게 됩니다.[11] 이거 우리 어디서 많이 본 것 같지 않으세요? 위기 상황에서 국가가 나눠주는 무료 배급. 일종의 재난지원금을 지급한 거죠. 이거 우리도 경험해봤습니다. 코로나19로 많은 분들이 일자리를 잃고 불황을 겪을 때 많은 나라들이 앞다퉈 지급했던 재난지원금과 비슷한 제도가 이미 고대 로마에서도 '로봇 시대'의 사회 불안을 달래기 위해 도입됐었던 거죠.

그러면서 여기서 끝나지 않고 로마는 이제 시민들에게 오락거리도 무상으로 제공하기 시작합니다. 목욕탕 입장, 전차 경주 같은 스포츠 관람을 무료로 팍팍 풀어요. 영화 〈벤허〉를 보면 로마의 전차 경주 장면이 나오는데요.

당시 로마의 유명한 전차 경기장 이름이 '키르쿠스 막시무스(Circus Maximus)'였어요. 막시무스(Maximus), 영어로 맥시멈, '크다'는 뜻이죠. 그리고 키르쿠스(Circus)는 원형 경기장을 의미합니다. 영어 서커스가 여기서 온 말입니다. 지금이야 서커스가 각종 묘기나 기예를 보여주는 공연을 의미하지만요. 당시에

로마의 전차 경기장인 키르쿠스 막시무스

는 로마에서는 타원형의 커다란 전차 경기장을 의미했다고 하죠. 그러니까 키르쿠스 막시무스는 초대형 원형 경기장이란 뜻이었던 거죠. '키르쿠스 막시무스'는 말 그대로 로마 최대의 전차 경기장이자 로마 최초의 전차 경기장이기도 했는데요. 지금도 로마에 가면 그 터가 남아 있습니다.

쉽게 말해, 시민들의 불만을 잠재우기 위해 공짜로 먹고 놀 수 있게 해준 거죠. 바로 이런 정책을 흔히 '빵과 서커스'라고 부르는데요. 고대 로마의 시인 유베날리스는 이걸 날카롭게 풍자합니다.

"로마 시민들은 권력을 모두 위임하고 두 가지만 초조하게 기다린다. 빵과 서커스를."

로마의 '빵과 서커스'를 인류 최초의 복지 정책이라고 보는 견해도 있습니다만 다른 한편으로는 대표적인 우민화 정책으로도 거론되고 있습니다. 배고픈 시민들에게 최소한의 먹을거리와 오락거리를 제공하고 불만을 잠재우려 했다는 거죠.

정리해보면, '살아 있는 노예' 즉, 노예 유입이 촉발한 로마 사회의 양극화는 결국 보편적 기본소득과 선심성 복지 정책을 불러오게 됐다는 거죠. 앞에서도 잠깐 얘기했지만 이건 우리도 비교적 최근에 체험해본 적이 있습니다. 코로나19 확산으로 인해 사회적 거리두기가 강화되었을 때도 전 국민이 재난지원금을 받고, 넷플릭스를 보면서 버텼던 것도 21세기판 '빵과 서커스'가 아니었을까요?

그럼 로봇 시대가 가져올 변화 중에 '기본소득'도 있는 건가? 이런 생각하며 좋아하실 분이 계실지도 모르겠는데요. 사실, 로마 시대에 시민들에게 무료로 빵이 지급된 배경도 뜯어보면 그만큼 국민들의 삶이 힘들었기 때문이었잖아요. 토지 개혁이나 양극화 문제에 대한 근본적인 해결을 한 건 아니었습니다. 어딘가에서 기본소득이 지급된다는 건 그만큼 양극화가 심해진다는 의미일 것이고, 이건 다시 말하면 많은 사람들이 일자리를 잃었다는 의미일 것이기 때문에 절대 좋아할 일만은 아닐 겁니다. 이 내용은 4부에서 좀 더 자세히 살펴보겠습니다.

'빵과 서커스' 이게 끝이 아니다?

다시 하던 얘기로 돌아와서, 고대 로마 사회는 심각한 양극화의 부작용을 겪다가 '빵과 서커스'로 대표되는 정책을 통해 사회 문제 해결을 시도했다는 말씀을 드렸는데요. 로마의 변화는 이게 끝이 아니었습니다. 이보다 더 큰 변화가 로마 사회에서 일어나기 시작합니다. 그게 뭘까요? 그건 바로, 정치체제의 변화였습니다.

로마의 공화정이 무너지기 시작했습니다. 공화정(共和政)이라는 말이 조금 어렵나요? 공화정은 왕정에 반대되는 말입니다. 왕정(王政)은 왕이 다스리는 정치체제를 의미하잖아요. 즉, 권력자 한 사람이 좌지우지하는 국가 체제가 왕정인데요. 우리나라 조선 시대가 대표적이죠. 그런데, 공화정은 왕이 아닌 국민이 뽑은 대표자들이 다스리는 정치체제를 의미합니다. 지금 우리나라의 민주주의도 역시 공화정이죠. 우리나라 헌법 1조를 보면 이렇게 적혀 있습니다.

대한민국 헌법 제1조

① 대한민국은 민주 공화국이다.

② 대한민국의 주권은 국민에게 있고, 모든 권력은 국민으로부터 나온다.

우리나라 헌법에도 우리는 민주 공화국이라고 되어 있죠. 우리도 국민들이 직접 나라를 다스리는 권력 구조를 갖고 있는 공화정인 거죠. 초기 로마도 원래는 공화정이었습니다. 군대를 지휘하는 최고 관직인 콘술(Consul), 혹시 들어보셨나요? 국내에서는 보통 '집정관'으로 많이 번역합니다. 로마의 콘술, 즉 집정관은 우리로 치면 대통령 같은 위치였는데요. 집정관의 임기는 1년이었고요. 외교나 재정 문제 등에서 집정관의 자문을 담당하는 원로원이 있었죠. 로마 공화정의 자문기구인 원로원을 세나투스(Senatus)라고 불렀는데요. 지금 미국 의회의 상원을 영어로 Senate라고 부르는 게 바로, 로마 시대의 원로원에서 이름을 따온 거라고 하니까 로마 공화정이 현대 민주주의 체제에도 영향을 크게 줬음을 알 수가 있죠. 또, 당시 로마에는 입법이나 재판 등을 결정하는 평민회가 존재했고요. 비록, 귀족 정치라는 한계가 있긴 했지만 평민의 권리를 보호하는 호민관 제도도 운영하며, 수백 년간 공화정을 발전시켜왔던 거죠. 하지만, 이런 발전도 한계를 맞이했습니다. 기원전 510년부터 400년 넘게 유지된 로마의 공화정은 바로, 평민 계층의 몰락과 함께 서서히 흔들리기 시작하는데요.

무너지는 중산층, 무너지는 공화정

기원전 40년대가 되면 그 유명한 카이사르가 1인 지배 체제를 확립하기 시작합니다. 로마 공화정의 끝물이죠. 사회적 양극화가 심한 시기였어요. 공교롭게도 카이사르가 정권을 잡고 기원전 50년에 한 일이 바로, 아까 살펴본 전차 경기장인 '키르쿠스 막시무스' 증축 공사였어요. 1인 지배 체제로 공화정 질서를 조금씩 무너뜨리면서 정치에 대한 관심을 돌릴 거리들을 제공하려고 했던 걸까요? 카이사르가 전차 경기장을 개축하던 당시, 경기장 수용 인원이 2만 7,000명까지 들어갈 수 있었다니 실로 엄청난 규모죠. 그리고, 나중에는 그게 점점 커져서 15만 명까지도 수용할 수 있었다고 하거든요. 서울 상암동 월드컵경기장이 최대 6만 명 가까이 수용할 수 있다는 점을 감안하면 고대 로마가 제공한 엔터테인먼트 시설의 규모가 얼마다 대단했는지 알 수 있죠. 로마는 이후, 콜로세움까지 세우면서 본격적인 무료 오락

로마의 원형 투기장인 콜로세움

서비스를 체계적으로 공급하게 되죠.

우리나라도 1980년대 군사정권 당시, 민주화 인사들을 탄압하면서 야구장을 짓고 프로야구를 도입했을 때 비슷한 비판이 나왔었거든요. 우리나라의 복지 정책도 가만 보면, 전두환 정부에서 최저임금제가 처음 시행되고, 노태우 정부 때 의료보험이 전 국민으로 확대된 것도, 고대 로마의 공화정 위기 속에 나타난 '빵과 서커스'와도 묘하게 대비되는 지점입니다.

다시 하던 얘기로 돌아와서 결국, 카이사르를 거치며 바람 앞의 등불과도 같았던 고대 로마의 공화정은 기원전 29년이 되면 옥타비아누스가 로마의 초대 황제에 오르게 되면서 500년 역사를 완전히 마감합니다. 그리고, 황제가 다스리는 1인 지배 체제인 제정(帝政)이 들어서게 되죠.[12]

결국, 고대 로마의 사례에서 우리가 얻을 수 있는 교훈은 대다수의 국민들이 먹고사는 문제에 대한 고민에 빠지게 되는 건 사회 불안과 갈등을 낳게 되고요. 이는 복지 제도의 출현 등 사회 제도의 변화를 만들어낸다는 거죠. 그리고, 그게 더 심해지고 지속되면 나중에는 나아가 민주주의의 위기까지 불러올 수 있다는 사실도 보여주고 있습니다.

그리고, 그 옛날 고대 로마에서 국민들이 먹고사는 문제를 고민하게 만들었던 배경에는 로마의 양극화가 있었고요. 그 양극화의 원인 중 하나로는 '로봇' 즉, 노예의 유입이 지목되고 있습니다. 계산해보면, 포에니 전쟁 이후, 본격적으로 '로봇'이 유입된 지 불과 100년이 채 안 되어서 로마의 공화정이 무너져버린 거죠. 다시 말해, 전쟁으로 인한 노예의 유입이 평범한 중산층의 삶을 파괴시키고 이후, 극심한 양극화를 극복하는 과정에서 체제 변화까지 불러왔다는 분석이 지배적인데요.

　그래서, 코로나19 이후 다가온 대전환기 우리 앞에 놓이게 될 로봇 세상에 대해 지금 우리도 한번쯤 생각해볼 필요가 있겠죠. 앞당겨진 로봇 시대, 몇 년 안에 혹은 몇십 년 안에 고대 로마가 그랬던 것처럼 우리 경제 구조, 나아가 정치권력의 구조, 민주주의 체제까지 송두리째 바꿔놓지는 않을까요? 우리는 어떤 준비를 해야 살아남을 수 있을까요?

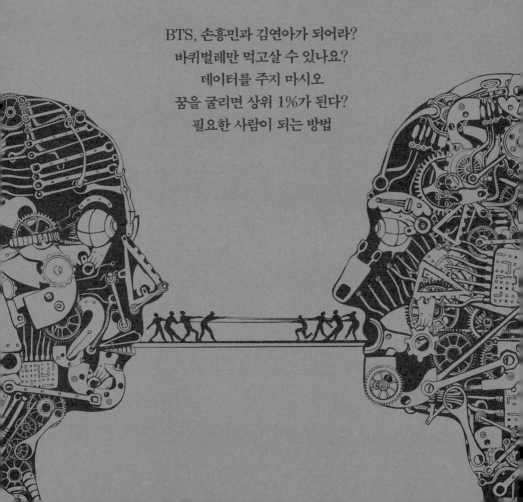

4부

로봇 시대
살아남기

BTS, 손흥민과 김연아가 되어라?
바퀴벌레만 먹고살 수 있나요?
데이터를 주지 마시오
꿈을 굴리면 상위 1%가 된다?
필요한 사람이 되는 방법

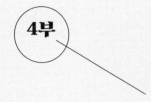

4부

로봇 시대 살아남기

자, 1부에서 우리는 크게 3가지 전염병의 역사에 대해 살펴봤었죠? 기억 나시나요? 먼저, 스페인 독감! 스페인 독감은 어떤 변화를 가져왔었죠? 제1 차 세계대전과 함께 나타난 스페인 독감, 일단 치명률이 높았습니다. 전쟁에 전염병까지 겹치면서 많은 사람들이 희생됐었다는 얘기를 했었죠. 우리가 최근에 겪은 코로나19는 상대적으로 고령층이나 기저 질환자분들이 치명률 이 높았지만 스페인 독감의 경우에는 기저 질환이 없는 젊은 층도 많이 희생 됐었습니다. 그 결과, 노동 인구는 귀해졌고요. 제조업 평균 임금도 올라가 기 시작했죠? 또, 여성의 사회 참여도 늘어난 시기가 바로 이 무렵입니다.

자, 그리고 또 흑사병의 경우는 어땠나요? 유럽 인구 3분의 1의 생명을 앗 아갈 정도로 무서운 전염병이었던 흑사병도 사회에 큰 변화를 가져왔다고 했었죠? 흑사병은 당시 농업 사회에서 노동력 부족을 불러왔었고요. 농사를 담당하던 농노들의 수가 줄어들면서 농노제도 자체를 뒤흔들었고, 귀족들의 권위도 흔들렸습니다. 스페인 독감과 마찬가지로 농민들의 임금도 크게 높아졌고요. 나아가, 성직자에 대한 권위까지 흔들어놓으면서 르네상스를 앞당겼다는 분석도 있다고 얘기했었습니다.

그리고, 마지막으로 살펴본 천연두, 라틴아메리카의 천연두는 어땠나요? 유럽인들이 아메리카 대륙을 정복하면서 퍼뜨린 천연두로 인해 많은 원주민들이 희생됐었죠. 인간에게 매우 치명적이었다는 점에서만 보면 앞에서 살펴본 두 전염병이랑 분명히 공통점이 있었는데요. 단, 천연두의 경우에는 그로 인한 결과를 따져봤을 때 차이점이 하나 있었습니다. 바로, 일할 사람은 줄었지만 노동자들의 몸값이 오르지는 않았다는 거죠. 앞서 살펴본 대로 아프리카에서 노예를 수입하면서 오히려 인간의 존엄성은 훼손됐고요. 노동력 부족이라는 문제는 동일했지만 이걸 해결하는 과정에서 어찌 보면 정반대의 해법을 찾으려 했던 거죠.

그래서, 이런 과거의 역사를 바탕으로 코로나19의 시대는 어떻게 되는지 함께 짚어봤습니다. 앞서 살펴본 과거 세 가지 사례와 지금은 무엇이 같고 무엇이 다른지도 짚어봤었죠. 일단, 코로나19도 인류가 만나본 적이 없는 새로운 질병이었다는 점에서 과거 사례와 비슷한 부분이 있었고요. 다만, 위의 세 전염병과 코로나19가 확실하게 다른 점이 있었죠. 그건 바로, 치명률이었습니다.

앞서 살펴본 세 질병들은 모두 치명률이 높았고 그만큼 인구도 줄어들 수밖에 없었지만 코로나19의 경우는 어땠나요? 일반 독감 등에 비해서는 치명률이 높긴 하지만 젊은 층의 사망률은 상대적으로 낮았죠. 그래서, 코로나19 고위험군은 주로 고령층이나 기저 질환자들이 많았고요. 더구나, 백신 등 의료 기술의 발전 등으로 인해서 고위험군들이라도 과거에 비해선 치명률이 낮아졌죠. 다시 말해, 과거와는 다르게 노동 인구의 감소가 심하진 않았습니다.

이렇게 노동 인구 자체는 과거의 심각한 전염병 사례들에 비해서는 크게 줄진 않았죠. 그런데, 일자리 수는 어떻게 되었을까요? 사회적 거리두기와 확진자 격리 등의 조치는 인류가 처음 만나는 전염병을 효과적으로 통제해 주는 수단이 되었지만 대신 경제적 충격을 주었죠. 즉, 이전에는 없던 방역 비용이 발생하기 시작했습니다. 이런 상황에서 방역 비용을 낮추기 위한 선택은 뭘까요? 바로, 로봇의 사용이었습니다. 〈스타워즈〉에 나오는 휴머노이드만 로봇이 아니죠. 우리가 앞서 1장에서 살펴본 것처럼 분식집에서 주문받는 키오스크 또한 넓게 보면 로봇인 거죠. 즉, 인간을 대체할 기계들이 오히려 빨리 보급되기 시작한 겁니다. 코로나19는 로봇 시대를 앞당겼습니다.

2부에서는 우리가 뭘 살펴봤었죠? 이런 로봇 시대를 더욱 부추기는 세계 정세의 대전환에 대해 살펴봤습니다. 중국의 부상과 미국의 긴장, 그리고 그 사이에서 벌어지는 전쟁과 갈등이 국가 간의 협력을 해치는 형태로 나타났고요. 그로 인해, 기업들이 해외에 있던 공장들을 자국으로 옮기는 이른바 '리쇼어링' 현상이 나타났던 것 기억하시죠? 이 과정에서 당연히 주요 선진국들이 공장을 자기네 나라로 끌어당기려고 하면서 비용은 어떻게 됐나요? 중국이나 동남아 등 인건비나 물가가 저렴하던 곳에서 생산하던 것에 비해서는 당연히 비용 부담이 커질 수밖에 없었고요. 이로 인해 많은 기업들이 공장을 다시 자국으로 돌아올 때는 비용을 아끼기 위해 인건비를 줄이는 방향으로 갈 수밖에 없는 현실을 살펴봤습니다. 스마트 공장, 즉 사람을 적게 쓰는 자동화를 통해 비용 문제를 극복할 수밖에 없었습니다. 우리 정부도 해외 공장을 유치할 때 '스마트 공장 지원' 전략을 쓰고 있다는 얘기를 했었잖아요. 게다가 기후 위기 등의 환경 문제도 로봇의 사용 영역을 넓히고 있었죠. 이래저래, 로봇 시대는 점점 빨라질 수밖에 없는 거시적인 상황에 대해 살펴봤습니다.

그런 이해를 바탕으로 3부로 넘어갔었죠? 자, 그럼 이렇게 로봇 시대가 피할 수 없는 흐름이라면 로봇 시대가 본격적으로 오면 우리는 어떤 모습일까. 이 문제를 3부에서 함께 전망해봤던 것 기억나시죠? 이걸 예측해보기 위해 우리는 무려 2,000년 전 과거 역사를 통해 살펴봤습니다. 바로, 포에니 전쟁 이후, 로마의 상황을 통해 노예의 유입이 로마 사회에 가져온 변화를 우리가 살펴봤더랬습니다. 당시의 로마 노예는 지금으로 치면 로봇이랑 같다는 얘기도 우리가 했었죠? 이렇게 '살아 있는 로봇'이 늘어났던 로마, 결국 어떻게 됐었나요?

결론부터 말하자면 로마는 민주주의가 무너지고, 결국 국가의 존립 기반이 흔들리는 위기까지 맞게 되었습니다. 이러한 변화 뒤에는 노예 유입이 가져온 중산층 붕괴가 자리 잡고 있었습니다. '로봇(노예)'이 일자리를 뺏어가면서 중산층의 일자리는 사라지고, 그로 인해 빈부격차가 커지면서 사회 문제가 걷잡을 수 없이 커졌던 거죠.

물론, 당시 로마에서도 이 문제를 해결하려는 노력을 안 했던 건 아니었습니다. 로마제국은 '빵과 서커스'로 대표되는 나름의 복지 정책을 통해 민심을 수습하고자 했지만 분명히 한계는 있었습니다.

자, 이제 한번 정리가 되셨나요? 그럼 이제 비로소 우리는 4부에 들어갈 준비가 되었습니다. 코로나19가 앞당긴 로봇 시대, 이제 피할 수 없는 로봇 시대, 눈앞에 보이는 로봇 시대, 일자리 부족과 극심한 양극화의 파도가 몰아치고 있는 로봇 시대, 우리는 어떻게 해야 살아남을 수 있을까요?

BTS, 손흥민과
김연아가 되어라?

사라지는 일자리, 준비할 시간이 없다?

30년 이상 인공지능 기술을 연구해온 미국 뉴욕 대학의 컴퓨터과학 교수 얀 르쿤은 이런 이야기를 했습니다.

"100년 전에는 인구 대부분이 들판에서 일하고 있었는데, 지금은 인구의 2%만 들판에서 일하고 있다."[1]

이 말 속에서 우리는 두 가지를 읽어낼 수 있습니다. 우선은 기존의 농촌 일자리가 많이 사라졌다는 것. 실제로 급격하게 도시화가 이뤄지면서 들판에서 일할 거리가 줄어들었잖아요? 두 번째는 남아 있는 2%의 일자리를 제외한 나머지 98%에게는 또 다른 일자리가 생겼다는 것입니다. 즉, 얀 르쿤 교수의 말은 언뜻 들으면 일자리가 많이 사라졌다는 이야기 같지만, 그 이면에 숨은 의미를 살펴보면 기술이 발전하여 일자리가 사라지면 또 다른 새로운 일자리가 그 자리를 채울 것이라는 점을 강조하고 있는 셈입니다. 어찌 보면 기술이 가져올 미래가 그리 비관적이지만은 않다는 주장 같기도 합니다. 인공지능 스타트업인 어펙티바(Affectiva)의 CEO '라나 엘 칼리오우비'도 비슷한 취지의 말을 하고 있어요.

"10년 안에는 트럭 운전사가 사라질 것이지만 100개의 차량을 누군가가 원격조종 해야 한다."[2]

이분들 말대로라면 우리가 맞이하게 될 로봇 시대, 사라지는 일자리에 대한 해법은 매우 간단할 수 있습니다. 사라지는 일자리를 버리고, 새로운 일자리를 찾으면 되는 겁니다. 트럭 운전사들이 차량 원격조종 기술을 배우면 일자리를 잃지 않고 계속 살 수도 있겠죠. 생각보다 간단해 보이죠. 미래학자 마틴 포드도 자신의 저서 ≪로봇의 지배≫에서 1900년에 농장에서 일하던 노동자는 1950년에는 공장 조립 라인에서 일하고 있고, 지금은 월마트 바코드 스캔 계산원이 되었다고 말합니다. 그래서, 어떤 학자들은 인공지능이 주도할 로봇 시대에 대해 크게 겁낼 것이 없다는 주장을 펼치기도 합니다. 지난 역사가 증명했듯이 또 다른 새로운 일자리가 얼마든지 더 생길 것이라는 거죠. '뭐야, 그럼 걱정할 필요가 없네.' 어, 그럼 책 여기서 그냥 끝낼까요? 그럼 우리는 아무 걱정을 안 해도 되는 걸까요?

하지만, 문제는 속도입니다. 이게 무슨 말이냐고요? 과거 산업혁명 이전의 농업 사회 때는 학교에 가지 않고도 일하며 살아갈 수 있었습니다. 농사 짓는 건 직접 밭에 나가서 배우는 것이지 학교에서 가르쳐주는 것은 아니었거든요. 그래서 당시 교육이라는 서비스는 귀족 등의 상류층들만 누리던 것이었습니다. 조선 시대에도 학문은 주로 귀족들의 몫이었잖아요. 그러다, 산업혁명이 일어나면서 기존의 틀이 완전히 깨지고, 국면이 바뀌기 시작합니다. 산업혁명과 근대화가 시작된 이후, 기계가 육체 노동을 대신하면서 들판에서 일거리를 빼앗긴 사람들이 나오기 시작한 거죠. 물론, 앞서 말한 대로 사라진 만큼 새로운 일자리도 생겨났습니다. 바로, 공장에서 일할 근로자들이 필요했던 것처럼 말이죠.

하지만, 들판에 있던 사람이 어느 날 갑자기 제조업 종사자가 되는 건 쉽지 않았습니다. 준비가 필요했어요. 공장에서 기계를 다루려면 말과 글을 깨우쳐야 했고, 숫자도 어느 정도 다룰 줄 알아야 했죠. 표준화된 시스템에 적응할 수 있는 기본 소양이 필요했던 겁니다. 그래서, 산업화가 진행된 근대 이후의 사회에서는 누구나 최소한의 지식이 꼭 필요해졌습니다. 귀족들만 교육을 받아서는 더 이상 사회 유지가 어려웠던 거죠. 그래서 시작된 것이 바로 공교육입니다. 국가에서 "야! 이 정도는 알아야 산업화 시대에 너 사람 구실 한다!" 이런 일종의 기준선을 마련해준 거죠.[3]

증기기관이 발명된 1차 산업혁명은 18세기에 일어났습니다. 제임스 와트가 증기 기관을 발명해 시장에 처음 내놓은 게 1776년이었으니까요. 이 무렵 이후 기차가 달리고, 마차가 사라지는 기계화 혁명이 세상을 휩쓸었죠.

전기의 발명과 함께 대량 생산 체제를 갖춘 2차 산업혁명은 언제 일어났나요? 바로 20세기 초에 일어났죠. 미국의 포드 자동차가 모델T를 생산하기 시작한 게 1908년이니까요. 1차 산업혁명과 2차 산업혁명 사이에는 대략 100년 이상의 시차가 존재했습니다. 흔히, 교육을 '백년지대계'라고 하는 건 이렇게 100년 뒤의 사회 격변을 내다보는 통찰이 필요하다는 의미일지도 모르겠습니다.[4]

그런데 컴퓨터와 인터넷 기반의 정보 혁명인 3차 산업혁명은 언제 왔나요? 우리가 잘 알다시피 1990년대 말에서 2000년대 초 이메일과 웹사이트 개념이 보편화되면서 나타났습니다. 그러니까 인터넷 혁명은 20세기 후반에

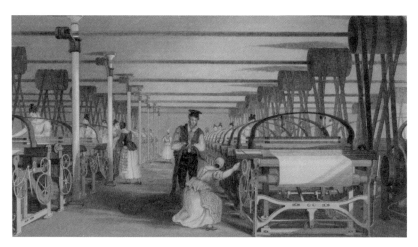

1차 산업혁명 당시 영국의 면직 공장을 묘사한 그림

나타난 거죠. 어때요? 2차와 3차 사이에는 100년이 채 안 걸렸죠? 그렇게 인터넷 혁명은 다시 인류를 이른바 정보화 사회로 이끌었고, 우리는 '브로드밴드' 초고속 인터넷이 전 세계를 연결하는 세상에 내던져졌습니다.[5]

　그러고 나서 지금 우리가 맞이하고 있는 것이 바로 인공지능과 빅데이터, 그리고 로봇으로 대표되는 4차 산업혁명입니다.[6] 4차 산업혁명은 2010년대 중반부터 본격적으로 거론되기 시작했습니다. 4차 산업혁명이란 표현은 2016년 스위스에서 열린 다보스포럼에서 클라우스 슈밥[7]이 처음 거론했다고 전해집니다. 바로 이 2016년은 공교롭게도 우리나라에서는 구글의 인공지능 회사 딥마인드에서 개발한 알파고가 이세돌 9단과 바둑 대결을 벌여 이겼던 해이기도 합니다. 어떻습니까? 3차와 4차 사이에는 간격이 훨씬 더 짧아졌죠? 불과 20년이 채 안 되는 사이에 사회가 격변하고 있는 겁니다. 특히, 2007년 아이폰 출시와 함께 다가온 스마트폰 세상은 3.5차 산업혁명 수준의 변화를 만들어냈죠. 우리 삶의 모습을 송두리째 바꿔놓았습니다. 스마트폰으로 대표되는 이른바 '모바일 혁명'이 시작됐고, 이어 자연스럽게 4차 산업혁명까지 빠르게 몰아붙이고 있는 상황이죠.

교육이 백년지대계라고요? "십년지대계도 부족하다"

　이렇게 사회가 빠르게 변하는 상황에서 '백년지대계'의 관점에서 교육 계획을 세우면 어떻게 될까요? 요즘 같은 속도라면 그 사이에 산업혁명이 서너 번 더 일어날 수도 있지 않겠습니까? 이렇게 사회 변화, 산업 구조의 변화가 빠르면 개개인이 제대로 적응할 토대를 마련할 수 있을까요?

이미 우리가 겪고 있는 변화도 이렇게나 빠른데, 앞으로 이 변화의 속도가 더 빨라질 거란 서늘한 주장도 나오고 있습니다. 구글의 엔지니어링 이사이자 미래학자인 레이 커즈와일의 견해가 대표적인데요. 커즈와일은 변화의 속도는 점점 빨라질 수밖에 없다고 주장하면서 그걸 잘 보여주는 사례 중 하나로 '게놈 프로젝트'를 거론하고 있어요. '게놈 프로젝트'는 인간의 유전자 지도를 완성하는 프로젝트입니다.

이게 변화의 속도랑 무슨 상관이냐고요? 바로, 이 프로젝트가 기술의 가속도를 보여줄 수 있는 사례이기 때문입니다. 게놈 프로젝트를 진행하던 초창기 무렵에는 진행률이 굉장히 더뎠다고 해요. 7년 동안 1%밖에 진행하지 못했다고 합니다. '7년에 1%씩 해서 어느 세월에 하나' 이런 생각도 들죠? 그래서, 한때 기술 비관론자들은 "야! 이거 다하려면 700년은 걸리겠다" 이렇게 비아냥거린 적도 있었다고 하는데요. 그런데, 이런 주장을 했던 분들이 간과한 것이 있었습니다. 바로, 가속도입니다.

이런 주장을 비웃기라도 하듯 게놈 프로젝트의 진행 속도는 해를 거듭할수록 점점 빨라졌습니다. 얼마나 빨라졌길래 그러냐고요? 매년 그 속도가 무려 두 배씩 빨라졌습니다. 그래서, 게놈 프로젝트는 이후 단 7년 만에 끝났다고 합니다.[8] 즉, 기술이 진보하는 속도에는 가속이 붙는다는 것이죠. 커즈와일은 이 사례를 거론하며 인공지능과 로봇 기술 역시 가속이 붙을 거라고 예상하고 있습니다. 지금 우리가 느끼는 속도보다 점점 빨라질 거라는 거죠. 그럼 궁금증이 생깁니다. 앞서 살펴본 대로 지금도 이미 변화의 속도가 과거에 비해 무척이나 빠른데 여기에서 더 빨라지면 도대체 얼마나 빨라진다는 걸까요? 레이 커즈와일은 오는 2029년이면 인간 수준의 인공지능이 나올 거라는 급진적인 주장까지 내놓고 있습니다.[9]

커즈와일의 예측이 맞냐 틀리냐 이게 중요한 건 아닙니다. 인간 수준의 인공지능이 언제쯤 개발될지 정확한 연도를 맞추려고 우리가 이 얘기를 하는 건 아니니까요. 핵심은 우리가 이런 급격한 시대 변화에 제대로 대응할 만한 시간이 충분하지 않다는 거겠죠. 앞에서 예를 들었던 트럭 운전사의 사례를 다시 생각해보자면, 트럭 운전사의 사라진 일자리 문제는 트럭 원격 조종을 배우면 쉽게 풀릴 수 있겠지만, 세상이 워낙 빨리 변하다 보니 이걸 배울 시간적 여유가 충분하지 않다는 겁니다. 마치 스마트폰에 앱을 설치하듯이 직업을 사람 몸에 설치할 수 있는 것이 아닌 이상, 시대가 요구하는 기술을 충분히 습득할 시간이 모자란 상황입니다. 바뀌고, 바뀌고, 또 바뀌고. 한번 바뀌어서 바꿀까 했는데, 바뀐 것에 적응하기 전에 바뀌고 또 바뀔 테니까요. 지식의 유통 기한이 점점 짧아지고 있습니다.

준비할 시간이 충분해도 일자리가 부족하다면?

게다가 일자리의 양도 문제입니다. 앞서 살펴본 문제를 극복하고, 이렇게 변화의 속도가 빠른 상황에서도 만약에 운 좋게 변화에 적응했다 쳐보자고요. 아까 일자리를 잃었던 트럭 운전사가 운 좋게 원격조종 기술을 배워서 새로운 일자리를 얻었다고 가정해봅시다. 기존 일자리를 잃은 대신, 새로운 일자리를 얻었으니 이제 일자리 수는 그대로 일까요? 앞서 든 예시대로라면 지금 이 운전사가 원격 조종하는 트럭은 100대입니다. 원래 100명이 하던 일이 사라지고, 그 무인 트럭을 조종하는 1개의 일자리가 추가된다면 나머지 99명은 어떤 일을 해야 할까요? 새로운 일자리에 적응하는 건 좋은 일이지만 적응할 기회 자체가 없으면 소용이 없습니다.

중국에는 미국 애플사의 아이폰을 만드는 현지 기업이 있습니다. 애플의 외주 업체인 '홍하이 정밀'이라는 곳인데요. 우리에게는 '폭스콘'으로 더 잘 알려져 있습니다. 아이폰을 조립하는 회사인 폭스콘, 아이폰의 부상과 함께 정말 엄청난 성장을 한 기업입니다.

아이폰을 조립하는 회사인 폭스콘

얼마나 성장세가 가팔랐냐 하면요. 2003년에 폭스콘의 노동자 수가 10만 명 정도였는데요. 물론, 이것도 보기에 따라서 엄청나게 많은 숫자지만 불과 8년 뒤인 2011년에는 100만 명을 돌파하게 됩니다. 10년도 채 안 되어 10배 넘게 늘어난 거죠.[10]

하지만, 모든 일엔 양면성이 있죠. 급격하게 성장하면서 인력이 늘어나게 되니까 폭스콘에서는 각종 사건 사고도 엄청나게 많이 일어납니다. 당시 폭스콘에서는 잇따른 노동자들의 자살 사건이 속출하는데요. 이것 때문에 폭스콘이 시쳇말로 욕을 많이 먹습니다. 당시 우리 돈 16만 원 정도의 박한 월급을 주고, 노동자들에게 비인간적인 처우를 했다는 비난을 받았습니다.[11] 사회 문제가 되기 시작했어요.

세계적으로 폭스콘의 노동환경에 대한 문제가 주목을 받자 폭스콘은 대책을 내놓습니다. 여기서 나온 대책이 인권 대책, 이런 게 아니었습니다. 아예 문제가 되는 싹을 자르겠다는 것이었습니다. 바로, 로봇 대체 계획을 발표합니다. 노동자를 줄이고, 그 자리에 로봇을 채워 넣겠다는 거죠. 그 규모가 어마어마했습니다. 3년간 자그마치 로봇 100만 대를 도입해 100만 명을 대체하겠다는 야심찬 계획을 발표한 거죠. 그러면서 폭스콘의 설립자 궈타이밍은 〈뉴욕타임스〉와 인터뷰를 하는데요. 당시 이 인터뷰 내용이 아주 가관입니다. 바로 이렇게 말했어요.

"사람도 동물인데, 100만 마리를 관리하려니 머리가 아프다."

자기 회사 노동자를 동물로 보면서 로봇 도입의 배경 중 하나로 관리 부담을 꼽은 것이죠.[12] 그럼 그의 말대로 3년 뒤에 폭스콘은 로봇 100만 대를 달성했을까요? 이런 변화가 바로 나타나진 않았어요. 2011년 '로봇 시대(?)'를 열겠다고 주장한 폭스콘은, 그 이후 2년간은 오히려 노동자 수가 늘어납니다. 2013년에는 130만 명으로 늘어나요. '어? 뭐지?' '동물'은 더 안 뽑는다던 회사가 무슨 일이지 싶은데요. 천천히 이 정책이 효과를 나타내기 시작합니다. 2013년을 정점으로 폭스콘의 노동자 수는 빠르게 줄어들기 시작합니다. 그래서 2015년에는 100만 명으로 다시 줄고요. 2016년 말에는 87만 명으로 1년 새 10만 명 이상 빠르게 감소합니다. 정점 기준으로 보면 무려 40만 명 가까이 줄어든 거죠.[13]

분명, 폭스콘이 로봇을 도입하면서 새로운 일자리는 늘어났을 것입니다. 로봇의 작업을 통제하고, 로봇을 유지 보수하고, 로봇 관련 직무를 개발하고, 설계하는 일자리는 새로 생겨났겠죠. 아까 운전대를 내려놓고, 원격조종을 배운 트럭 기사처럼요. 기술자뿐 아니라 관리직에서도 늘어난 일자리가 있었을 겁니다. 최소한 로봇 구매 담당자는 늘어나지 않았겠어요? 하지만, 그렇게 늘어난 일자리는 생각보다 많지는 않을 수 있다는 겁니다. 로봇이 생기면서 새로 만들어내는 일자리보다 사라지는 일자리가 더 많을 수밖에 없다는 것을 폭스콘의 사례는 보여주고 있습니다. 적어도 사람을 더 채용하기 위해 로봇을 도입하는 기업은 없을 테니까요.

이렇게 이야기하면, 폭스콘에 로봇을 납품하는 로봇 설계 회사와 제조 회사의 일자리는 늘지 않았겠느냐 반문하실 분도 계실지 모르겠는데요. 특정 기업 내에서만 볼 것이 아니라 산업 전체 측면에서 보면 분명 일자리가 늘어난 분야도 있을 것입니다. 일리 있는 지적일 수 있습니다.[14]

하지만 노동자들의 입장에서 생각해보면 그렇게 쉬운 문제는 아닙니다. 이런 식으로 늘어난 일자리가 로봇의 도입이나 새로운 기술 도입으로 인해 일자리를 잃은 노동자들에게 돌아갈 수 있을까요? 공장에서 조립하던 노동자가 로봇 설계 업체로 바로 이직할 수 있을까요? 어느 날 뚝딱, 블루칼라 노동자가 첨단 산업 개발자가 될 수 있을까요? 불가능한 일은 아니겠지만 결코 쉬운 일도 아닐 겁니다. 폭스콘 사례에서 봤던 것처럼 열악한 처우를 받으며 죽음의 문턱에 내몰리며 일했던 노동자들이라면 더더욱이요. 이처럼 변화의 속도도 빠르고, 일자리도 줄어들고, 산업 차원의 구조조정이 빠르게 일어나는 상황에서는 특히, 저학력, 저소득층, 고령층은 더더욱 힘들어질 것입니다.

이제 느낌이 오시나요? 맞습니다. 로봇 시대는 귀타이밍이 동물이라고 표현한 우리 주변 사회적 약자들의 일자리부터 먼저 빼앗아가게 될 겁니다. 당장 나는 괜찮을 것 같다고요? 정도의 차이만 있을 뿐 그런 변화는 언젠가는 나에게도 다가오겠죠. 그럼 우리 '동물'들은 도대체 어디로 가야 할까요?

<오징어 게임>이 빼앗은 일자리

드라마 <오징어 게임>은 한국 콘텐츠 역사를 새로 썼습니다. 우리나라

감독, 우리나라 배우들이 우리말로 만든 드라마가 전 세계에서 흥행한 것은 물론이고요. 각종 수상 소식이 이어지더니 급기야 미국에서는 에미상까지 받았습니다. 에미상은 쉽게 말해, 미국의 방송사들이 주로 자국의 드라마를 대상으로 시상하는 최고 권위의 상인데, 비영어권 드라마 중엔 처음으로 〈오징어 게임〉이 상을 받게 된 것입니다. 비유하자면 우리나라 연말 지상파 방송사의 연기 대상 시상식에서 유럽 드라마나 동남아 드라마가 상을 탄 것과 비슷하다고 해야 할까요?

가뜩이나 비영어권 콘텐츠에 대해 보수적이라고 하는 미국에서 순수 한국어로만 된 드라마가 상을 타다니 이게 웬일인가요. 시쳇말로 '국뽕'이 차오르는 순간이었습니다. 〈오징어 게임〉이 세계적으로 성공한 요인으로는 여러 가지가 거론됩니다. 참신한 시나리오, 훌륭한 연기 등 여러 가지를 꼽을 수 있지만 그중에서도 무엇보다 넷플릭스라는 플랫폼의 힘을 빼놓을 수 없습니다. 넷플릭스는 흔히 OTT라고 하죠. OTT는 Over the top의 줄임말이에요. 여기서 Top은 우리가 케이블 방송을 볼 때 설치하는 셋톱박스를 의미합니다. 셋톱박스를 넘어서 셋톱 없이도 콘텐츠를 볼 수 있게 한다, 이런 의미를 갖고 있죠. 넷플릭스는 셋톱박스 같은 건 필요 없습니다. 인터넷이 되는 곳이라면 누구나 컴퓨터, TV, 태블릿, 스마트폰 등을 이용해 세계 각국의 콘텐츠에 자유롭게 접근할 수 있습니다. 어떻게 접근한다고요? 자유롭게!

바로 이 자유로운 접근이 핵심입니다. 여기서 말하는 '자유로운' 접근이 인터넷이나 앱을 통한 간편한 사용자 환경만을 의미하는 건 아닙니다. 바로, 언어의 장벽도 '자유롭게' 넘게 해줬죠. 넷플릭스는 전 세계의 콘텐츠를 한 바구니에 넣은 다음, 어느 나라에서 만든 콘텐츠건 여러 나라의 말로 동시에 번역해서 국적을 불문하고 다 같이 볼 수 있도록 합니다.[15] 그렇게 전 세계 시청자들을 한 곳에 몰아넣는 '콘텐츠 바구니' 플랫폼이죠. 이건 뭐 편성 시간이 따로 있는 것도 아니고, 모조리 한 바구니에 다 담아놓으니까 그냥 재미있는 걸 시청자들이 언제든 골라서 볼 수 있습니다.

시청자 입장에서는 선택의 폭이 넓어져 좋은 일이겠지만 바로 그 순간, 경쟁 구도가 바뀝니다. 마치, 순간이동 터널을 통과한 것처럼 콘텐츠의 경쟁 무대가 순식간에 국경을 초월한 세계로 확장되는 거죠. 각각의 콘텐츠가 하나의 레이저빔 같은 거라고 상상해보면, 이 레이저빔이 플랫폼을 타고 전 세계로 쭉쭉 발사되는 상황이 되는 거죠. 〈오징어 게임〉의 성공 비결로 넷플릭스라는 플랫폼의 힘을 꼽는 사람들은 이처럼 넷플릭스가 콘텐츠가 쭉쭉 뻗

<오징어 게임> 포스터

어나갈 수 있는 장을 열어주었기 때문에 훌륭한 작품이 세계 무대에서 인정받을 수 있었다고 말합니다. 쉽게 말해, 넷플릭스가 멍석을 깔아줬다는 거죠.

언어나 문화의 이질성은 그 자체로 국가 간의 교류나 화합을 막는 장벽이기도 하지만, 역설적으로 그 장벽은 각 나라 혹은 각 지역 단위 안에서 한정된 시장을 만들어주는 역할도 했습니다. 국내 시장 보호 기능도 있었던 거죠. 아무래도 영어로 하는 미국 드라마는 영어 쓰는 미국인들이 더 많이 보고, 우리말로 만드는 한국 드라마는 우리 한국인들이 더 많이 보지 않았겠어요? 물론, 과거에도 국경을 초월한 글로벌 스타들이 있긴 했지만 그래도 언어적, 문화적 장벽 안에서 제한적으로 활동해야 하는 측면이 컸습니다. 아주 유명한 영화배우나 가수 정도에만 해당되는 이야기였죠.

그런데, '넷플릭스 혁명'으로 대표되는 OTT의 출현과 콘텐츠의 세계적 확산은 이제 콘텐츠 시장의 무한 경쟁 체제를 만들어내게 되었습니다. 넷플릭스에서 한번 호평을 받으면, 실시간 시청 순위 상단을 차지하게 되고 그건 다시 전 세계 시청자들을 자극합니다. 어떤 콘텐츠가 자국 내에서 화제가 되는 데 그치지 않고 전 세계 시청 순위도 동반 상승하면서 급속하게 확산하는 거죠. 즉, 선택과 집중 현상이 심화될 수 있는 환경이 되었습니다. 쉽게 말해, '잘 되는 놈'은 더 잘 되는 구조가 된 것이죠.

이렇다 보니, 과거 미국의 배우들이 주로 차지하던 에미상 남우주연상 트로피를 이정재 배우가 가져간 모습은 이런 변화의 상징이 될 수밖에 없습니다. 2023년 들어서는 〈피지컬: 100〉이라는 우리 예능까지 글로벌 부문 1위에 오르는 일이 생기기도 했습니다. 당연히, 이정재 배우의 수상이나 한국 예능의 세계적인 성공은 같은 한국인으로서 반가울 일이고, 그 자체로 축하할 일입니만, 이처럼 모바일 혁명 이후, 진행 중인 플랫폼 사회의 확산은 점점 세계의 장벽을 허물고 경쟁의 구도 자체를 완전히 바꿔놓고 있습니다. 봉준호 감독이 말한 1인치의 장벽을 넘는 세계인들이 늘어나고 있어요.[16]

넷플릭스처럼 자막 하나만 제대로 달아줘도 경쟁 환경이 요동치는데, 만약에 우리가 말하는 내용이 인공지능 기술을 통해 실시간으로 다국어로 번역되는 사회가 오면 그때는 또 어떻게, 또 얼마나 바뀌게 될까요?

일단, 말로 하는 직업들은 죄다 전 지구적 극한 경쟁 상황으로 내몰리진 않을까요? 자막과는 완전히 차원이 다른 충격이 올 수도 있겠죠. 이렇게 말이 번역되는 순간 지식의 경계도 무너집니다. 생성형 AI 챗GPT가 세상에 모습을 드러낸 뒤에 학계, 산업계 모두 큰 변화를 체감했는데요. 만약, 이런 시스템이 더 고도화한다면 세상은 어떻게 바뀌게 될까요? 다른 나라 사람의 말뿐 아니라 인공지능이 생산한 지식까지 자유자재로 번역되면, 더 빠르게 경계가 허물어질 겁니다. 그간 물리적 한계가 있었던 서비스업의 국가적 경계가 이미 무너지고 있습니다. 〈오징어 게임〉의 눈부신 성공을 보세요.

언어의 장벽, 지식의 장벽이 사라진 미래 사회에서의 콘텐츠 업종이 처한 상황은 그래서 지옥입니다. 심지어, 어떤 미래학자는 앞으로 '유튜버 종말의 시대'가 올 거라는 서늘한 전망을 내놓기도 합니다. 유튜브 콘텐츠도 제작해온 제 입장에서는 정말 남 얘기가 아닌데요. 유튜브 라이브 스트리밍이 실시간 통번역되는 기술이 발달하게 되면 최상위 0.1% 크리에이터만 살아남고 나머지는 설 자리를 잃게 될 거라는 거죠. 여기서 0.1%는 한 국가 안에서의 순위를 의미하는 것이 아니라 당연히 지구 전체에서 차지하는 비중을 의미합니다. 전 세계 상위 0.1% 말이죠. 마치, 〈오징어 게임〉이 넷플릭스에서 전 세계 시청 시간을 싹쓸이했던 것처럼요.

사교육 시장에서 이미 경험해 본 '슈퍼스타 이펙트'

이와 비슷한 현상이 과거 사교육 시장에서도 일어난 적이 있습니다. 2000년대 이전만 해도 학원 강의는 오프라인 강의를 의미했습니다. 학원 가서 자리에 앉아 수업을 들어야 했죠. 뭐, 이건 대학 수업도 마찬가지였어요. 인기가 많은 강사나 교수님의 강의를 들으려면 수강 신청 전쟁을 치러야 했고요. 좋은 자리 맡기도 힘들었죠. 몇 시간 전에 가서 줄을 서는 진풍경이 벌어지기도 했었습니다.

그런데, 2000년대 인터넷 혁명이 일어나면서 국면이 달라지기 시작했습니다. 2000년대 '메가스터디'로 대표되는 '인터넷 강의', 줄여서 '인강' 시대가 열리기 시작하면서 사교육 콘텐츠는 더 이상 오프라인 공간에서 한정된 수강생들이 독점적으로 소비하는 콘텐츠가 아닌 것이 됐습니다. 유명 강사가 한 번 촬영해놓은 영상은 전국으로 무제한 복제가 가능했고, 경쟁력이 있는 강사는 전국의 수험생들 수요를 블랙홀처럼 다 빨아들일 수 있는 힘을 갖게 되었죠. 이른바 '1타 강사', 스타 강사가 생겨났고, 많게는 1년에 수백 억 원의 수입을 올리는 경우도 생겨나게 된 거죠.

반면, 지역의 보습학원들, 특히 비수도권 지역에 있는 학원들의 경우에는 상대적으로 더 큰 타격을 받을 수밖에 없었습니다. 양극화 현상이 두드러진 겁니다. 인터넷 통신으로 대표되는 3차 산업혁명이 이처럼 한 국가 안에서의 경쟁 구도를 바꿔놓았다면, 인공지능과 로봇-여기엔 당연히 실시간 자동 번역도 포함되겠죠-시대로 대표되는 4차 산업혁명은 이제 국가 간의 시장을 넘나드는 경쟁 구도로 게임의 룰을 바꿔놓을 수 있는 거죠. 언젠가는 대치동 1타 강사가 미국 텍사스와 브라질 상파울루에 있는 학생들을 동시에 가르치는 세상이 오게 될까요? K강사의 시대가 오게 될까요? 그리고 그 자리마저 인공지능이 가로채게 되지는 않을까요?

미래를 정확히 그려내긴 어렵지만 확실한 건 기술 발전으로 점점 여러 문턱이 낮아지고 지금보다는 경쟁이 더 치열해질 수밖에 없을 거라는 겁니다. 그리고, 그 경쟁에서 살아남은 최최최최상위 그룹만 살아남게 되겠죠. 에미상 트로피를 들어 올린 이정재 배우처럼요.

그러면 이제 우리는 어떻게 해야 할까요? 기존의 일자리도 조금씩 사라지고, 새로 생기는 일자리는 분야가 제한적이고, 새로 나온 기술을 배울 시간도 부족한데, 이렇게 남은 이들끼리의 경쟁마저 국가 단위를 넘어 전 세계 단위로 확대되어 치열해진다면 우린 어떤 길로 가야 할까요? 우리는 어떤 창조적인 일을 해야 살아남게 될까요?

상위 0.1%의 시대, 나머지는 어떻게 될까?

그래서, 많은 전문가들이 '상위 0.1%'의 시대를 이야기하고 있습니다. 0.1%도 그나마 좋게 이야기해준 것이고요. 0.01%, 0.001%의 시대가 올 거라고 전망하는 전문가들도 있습니다. 기술이 허문 경쟁의 경계선은 극한 경쟁에서 승리한 그룹에게는 더 큰 보상을 전해줄 것이지만 그 승리자는 극소수에 불과하게 될 거라는 거죠.

서울대 유기윤 교수 연구팀이 내놓은 보고서가 큰 충격을 준 적이 있습니다.[17] 미래 사회의 모습을 예측한 보고서였는데요. 제가 과거 '로드맨'이라는 뉴스 코너를 진행하던 시절, 이 보고서의 내용을 취재하면서 유 교수를 직접 만나 인터뷰를 하기도 했었습니다.[18]

인공지능과 로봇, 그리고 플랫폼 사회가 가속화되었을 때, 인간소외의 끝은 어디인가. 이걸 잘 보여주는 연구 결과를 내놓았던 건데요. 다음 사진에서 보시는 게 ≪2050 미래사회보고서≫에 수록된 내용을 재가공한 그림입니다. 이 보고서에서 연구진은 시장 참여자의 종류를 크게 4가지 계급으로 나누었는데요. 2090년쯤 되면 이 비율이 어느 정도 될지 예상해본 건데, 한 번 보시죠.[19]

자, 우리는 그럼 이 중 어디에 속할 수 있을지 지금부터 찬찬히 살펴볼까요? 우선, 맨 위부터 살펴보면 플랫폼 등의 기술을 소유한 자본가들이 상위 0.001%를 차지하고 있습니다. 아마도, 국내에서는 지금 떠올려볼 수 있는 건 카카오나 네이버 같은 기술 기업들이 여기에 해당할 겁니다. 0.1%도

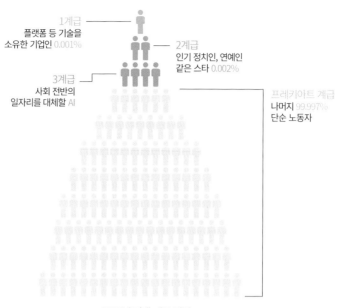

1계급
플랫폼 등 기술을
소유한 기업인 0.001%

2계급
인기 정치인, 연예인
같은 스타 0.002%

3계급
사회 전반의
일자리를 대체할 AI

프레카리아트 계급
나머지 99.997%
단순 노동자

2090년 미래 계급 전망

0.01%도 아닌 0.001%라는 게 눈에 들어오네요. 그러면 우리가 1계급에 들어
갈 수 있을까요? 카카오 같은 기업을 만들기는 아무래도 쉽지 않겠죠.

　그러면 우리 욕심 비우고, 1계급은 깔끔하게 포기하고요. 한번 2계급으로
내려가봅시다. 그 뒤를 잇는 2계급을 살펴볼까요? 인기 정치인, 연예인 같은
스타들이라고 되어 있습니다. 0.002%를 차지하고 있습니다. 정교한 실시간
통번역이 가져올 미래 사회에서는 당연히 저 상위 0.002% 안의 2계급은 국
내 기준이 아니라 당연히 전 세계에서 차지하는 순위를 말하는 걸 겁니다.
뭐, 이 그룹에 누가 속할지는 다들 아시겠죠? 〈오징어 게임〉에서 활약한 이

정재 배우나, 손흥민 선수나 김연아 선수, BTS 같은 최상위급 스타들이 차지하게 되는 자리입니다. 전국구 스타라는 말은 사라지고 월드 스타라는 말만 남게 된다는 말이겠죠. 자, 아까 1계급은 들어가기가 확실히 힘들어 보였는데, 그럼 2계급에는 우리가 들어갈 수 있을까요? 우리가 지금부터 열심히 준비해서 최상위급 스포츠 스타, 연예인, 혹은 정치인이 되는 게 쉬울까요? 당연히 어렵죠. 1계급, 2계급 모두 힘듭니다.[20]

자, 그럼 눈을 조금 더 낮춰봅시다. 3계급으로 한 계단만 더 내려가볼까요? 우리는 그럼 어쩔 수 없이 3계급이라도 가야 하나 싶은데, 그 자리에 뭐가 보이나요? 그 자리는 인공지능, AI가 떡 하니 차지하고 있습니다. '헉!' 여기도 우리가 갈 곳이 없습니다. 앞서 살펴본 대로 과거 로마제국에서 노예들이 그랬던 것처럼 로봇 시대가 오면 새로운 '노예'들이 빠르게 우리 일자리를 가져가기 때문이겠죠. 3계급에도 우리가 갈 자리는 없습니다. 그럼, 우린 어디로 들어가야 할까요?

이제 남은 자리는 맨 아래 4계급뿐입니다. 선택의 여지가 없어 보입니다. 그런데, 이 자리 비중이 무려 99.997%네요. 즉, 미래 사회에서는 대다수의 사람들이 여기에 속한다는 얘기인데, 이 정도면 이 글을 쓰고 있는 저나, 이 글을 읽고 계신 독자분들이나 우리 모두 4계급에서 만나게 되지 않을까요? 맨 밑바닥에 위치한 4계급은 단순 노동자층에 해당합니다. 연구진은 '프레카리아트(Precariat)' 계급이라고 표시했습니다. 프레카리아트는 2개의 단어가 합쳐진 말입니다. 불안정하다는 뜻의 '프리케리어스(Precarious)'와 노동자를 뜻하는 '프롤레타리아(Proletariat)'를 합쳐 플랫폼에 의존해 불안하게 단순 반복

노동을 하게 되는 계층을 의미한다고 합니다.[21] 즉, 우리 대다수는 생계를 걱정할지 모르는 단순 노동자층으로 전락하게 될 거라는 우울한 전망을 이 보고서는 내놓고 있는 겁니다.

어떻습니까? 이런 비관적인 관측에 동의하시나요? 이 연구는 2090년의 먼 미래를 예측한 것이기 때문에 지금은 다소 와닿지 않는 부분도 있을 거고요. 구체적인 수치가 틀릴 수도 있겠죠. 하지만, 1장에서도 살펴보았듯이 우리가 코로나19를 거치면서 조금 서늘한 경험을 했었습니다. 코로나19가 한창 심해 사회적 거리두기가 엄격하게 적용되었을 때, 교류가 단절되고 모임도 줄어들면서 많은 자영업 사업장이 큰 어려움을 겪었죠. 그러면서 일자리가 순간적으로 많이 사라졌습니다. 그때 대다수의 사람들이 돈을 벌기 위해 선택한 것은 플랫폼 노동자였습니다. 레스토랑 사장님도 학원 선생님도 아르바이트가 필요한 대학생도 배달 플랫폼에 뛰어들었죠. 하루하루도 아니고, 건수별로 일감을 받아서 수행하는 불안정한 노동에 내몰렸습니다. 미국 같은 경우는 3명 중 1명이 플랫폼 노동에 뛰어든다는 조사 결과까지 나왔었죠.[22]

어쩌면 코로나19는 2090년 로봇 시대로 우리가 시간 여행을 할 수 있게 해준 건지도 모르겠습니다. 일시적으로 일자리를 증발시키면서 나타난 여러 경제 현상들을 통해 우리는 이미 프레카리아트를 많이 목격하고 있습니다. 그리고, 이런 흐름은 앞으로 점점 빨라지겠죠. 연구진의 예측대로 2090년에 마지막 계급에 속한 분들의 비중이 99.997%가 될지, 혹은 설령 예측대로 된다 하더라도 그 시점이 언제일지 정확히 알 수는 없지만 이미 그 방향으로

움직이고 있다는 거죠.[23]

실제, 코로나19가 창궐했던 2020년 무렵에는 사회적 거리두기로 인해 많은 일자리가 줄어들었고, 앞으로 코로나19가 완전히 사라진다 해도 이미 로봇에 의해 대체된 일자리가 복구될 가능성은 희박하겠죠. 즉, 미래 사회에는 로봇에 대체 가능한 일자리는 빠르게 사라질 것이고요. 그나마 대체되지 않을 법한 창의적인 일자리는 극한의 경쟁에 내몰리게 될 거라는 겁니다. 또, 연구진은 연예인을 2계급에 두고, 인공지능을 3계급에 두었지만 빅데이터를 통해 그림을 그리는 AI, 작곡하는 AI가 발달한다면 인공지능이 2계급마저 침범하게 될지도 모를 일이죠.

앞서 얘기한 대로 우리가 주변에서 이제는 흔히 볼 수 있는 주문형 로봇 키오스크랄지, 〈오징어 게임〉의 세계적 성공이 바로 그런 변화가 시작되고 있다는 증거가 될 수 있는 거죠. 로마 시대의 '로봇'이 극심한 양극화를 가져왔던 것처럼 미래의 로봇도 극심한 양극화를 가져오게 된다는 겁니다.

그래서, 이제 평균의 시대는 끝날 거라고 말하는 전문가들이 많습니다. 즉, 로봇 시대에서 살아남으려면 상위 0.1%가 되어야 한다는 겁니다. 그러면 살아남을 수 있습니다. 우리 모두 자기 분야에서 최최최고가 되기만 하면 됩니다. BTS, 손흥민, 김연아가 되면 로봇 시대에서도 살아남을 수 있습니다. '기껏 로봇 시대 살아남는 법이 뭔지 기대했더니 BTS가 되라고? 손흥민과 김연아가 되라고?' 아주 소수를 제외하고는 이렇게 되긴 어렵겠죠. 이 얘긴 잠시 후에 좀 더 이어서 하기로 하고요. 잠시 '중간'의 미래에 대해 살펴보고 가겠습니다.

사라지는 중간 관리자

이처럼 우리가 먹고산다는 건 치열한 경쟁 속에서 결국 한정된 자원을 어딘가에서 빼앗아오는 싸움입니다. 그 경쟁의 룰 중에 하나가 자본주의 제도인 것이고요. 경쟁을 통해 우리는 늘 누군가의 선택을 받아야 합니다. 선택을 받은 자는 보상을 받게 됩니다. 자원을 배분받는 거죠. 바로, 이 경쟁에 참여하는 과정은 수많은 의사 결정의 연속입니다. 제품을 개발하고, 만들고, 가격을 매기고, 팔고, 개선하고. 특히, 세금을 받아 쓰는 공공 분야가 아닌 이상 자본주의 시장에서 우리는 늘 가설을 세워 실험하고, 실행하고, 소비자들에게 심판(?)을 받습니다. 그리고 그런 실험에는 투자가 필요하죠. 돈을 들여 위험을 감수하고 결단을 해야 기회를 얻을 수 있습니다. 그렇다 보니, 기업의 의사 결정권자들은 늘 불안합니다. 새로운 부가가치를 얻기 위해서는 가보지 않은 길에 대한 의사 결정을 해야 하고, 검증되지 않은 선택지들이다 보니 자기도 어떤 선택이 더 나은지 알 수 없기 때문이죠. 그래서, 대개는 중간 관리 조직을 둡니다. 말단 조직에서 정보를 수집하고 그 정보를 중간에서 가공하고, 그 가공된 정보를 바탕으로 의사 결정권자들이 최종 의사 결정을 하게 되는 거죠. 의사 결정을 돕는 조직을 두는 겁니다.

그런데 로봇과 인공지능은 바로 이 중간을 강타할 수 있습니다. 현장에서 수집된 수많은 정보를 인간을 대신해 빠른 속도로 처리할 수 있기 때문입니다. 의사 결정의 보조 지표를 중간 관리자가 아니라 인공지능이 빠르게 생산하는 시대가 오면, 이제 리더들은 더 이상 중간 관리자가 필요하지 않을 수 있겠죠. 하위 정보를 수집해서 인공지능이 처리한 결과물을 보고 최종 의사 결정을 하면 되는 거죠.

그래서, 많은 전문가들이 로봇 시대가 오면 중간 관리자가 사라질 거라는 전망을 내놓고 있습니다. ≪데이터 자본주의≫의 저자인 빅토어 마이어 쇤베르거 옥스퍼드 대학 교수도 계층형 조직의 붕괴를 예측했는데요. 말단을 감시하고, 의사 결정에 도움이 되도록 정보를 압축해 전달하는 중간 관리자는 금세 대체될 수 있다고 전망하고 있습니다. 이제는 누가 일을 잘하는지 실시간 체크도 가능하고, 일한 결과물이 데이터로 수집되는 시대에 살고 있기 때문에 굳이 중간 관리자를 매개하지 않아도 된다는 거죠.

이 때문에, 종합적인 의사 결정을 할 수 있는 사람만 남고 중간은 사라질 수 있습니다. 영화 〈아이언맨〉에서도 상황 판단을 도와주는 집사와 비서는 '자비스'로 대체되었지만 〈아이언맨〉의 최종 결정은 여전히 사람이 하고 있는 것처럼 소수의 최상단 의사 결정 조직만 남게 될 거라는 거죠.

다시 말해, 사회 전체적으로 봐도 중간이 사라지는 심각한 양극화가 진행되는 동시에 개별 조직 내부를 들여다봐도 가운데가 비는 구조가 형성될 수 있다는 거죠. 마치, 확대할수록 같은 모양이 반복되는 프렉탈 구조처럼 양극화의 문양이 사회 곳곳에 켜켜이 새겨질지 모르는 겁니다. '중간 실종'의 카오스 속에서 설 자리를 잃은 대다수의 사람들은 그럼 어디로 가야 할까요? 앞으로 무얼 해야 먹고 살 수 있을까요?

이 때문에 많은 전문가들이 기본소득을 로봇 시대를 헤쳐나갈 대안으로 제시하고 있습니다. 앞서 3부에서 살펴본 대로 로마 시대에도 시민들에게

'빵과 서커스'를 제공했듯이 일자리를 빼앗아가는 로봇이나 플랫폼 등에서 세금을 더 걷어서 인간들에게 돌려줘야 한다는 주장인 거죠. 즉, 로봇 시대는 기본소득이 꼭 필요하다는 주장을 내놓고 있는 건데요. 도대체 기본소득은 정확히 무엇일까요? 과연, 기본소득은 로봇 시대의 일자리 문제를 해결할 대안이 될 수 있을까요?

바퀴벌레만
먹고살 수 있나요?

기본소득, 받아보니 좋으시죠?

기본소득이라는 게 있습니다. 서구사회에서 기본소득은 영어로 Universal Basic Income, 줄여서 UBI라고 부릅니다. 보편적으로(Universal) 지급한다는 것은 다시 말해, 조건 없이(Unconditional) 지급한다는 의미이기도 하기 때문에 Universal의 U를 다시 Unconditional이라고 바꾸어 부르는 학자도 있습니다. 엎치나 메치나 기본소득은 UBI로 표기합니다. 이거 직역해보면 무슨 뜻일까요?

즉, 나라에서 아무런 '조건 없이', '보편적으로' 매달 일정 금액을 통장에 팍팍 꽂아 주는 돈, 이게 바로 기본소득입니다. 이 돈은 국민들이 일을 안 해도 주는 겁니다. 어떤 것 같으세요? 언뜻 들어보면 '야, 이거 실업 급여랑 비슷한 건가?' 싶은데 이거랑은 또 다릅니다. 실업자들이 돈을 받게 된다는 점에서 기본소득과 구직 실업급여는 공통점이 있는데요. 구직 급여는 실업 기간 중에 구직 활동을 해야만 받는 겁니다. 또, 지급 기간도 보통 한정돼 있어요. 즉, 계속 주는 게 아니라는 겁니다. 일시적으로 일자리를 잃었을 때 버틸 수 있도록 지원해주는 돈이 구직 급여인 거죠. 구직 급여의 재원을 마련하는 것도 문제기 때문에 주로, 고용보험에 가입된 사람들이 주된 수혜 대상입니다. 한마디로 구직 급여는 조건부 지급이에요. 영어로 치면 Conditional한 겁니다.

반면, 기본소득은 Unconditional이라고 했죠? 조건이 없어요. 무조건적입니다. 내가 구직 활동을 하지 않더라도 기한에 상관없이 지급하는 게 기본소득입니다. 가만히 앉아서 임대료 따박따박 받는 건물주처럼 국가가 따박따박 돈을 입금해준다는 얘기입니다. 앞서 얘기한 대로 많은 학자나 정치인들이 로봇 시대에 대한 대비책으로 바로 이 기본소득을 이야기하고 있습니다. 앞으로 많은 사람들이 일자리를 잃거나 소득이 줄어 삶이 힘들어질 수 있기 때문에 국가가 일정 부문 최저 생계비를 보장해야 한다는 취지로 이런 주장을 펼치는 거죠.

너무 앞서나간 주장 같다고요? 이건 우리나라만의 이야기는 아닙니다. 유럽에서도 비슷한 주장이 나오고 있는 상황이죠. ≪리얼리스트를 위한 유토피아 플랜≫을 쓴 벨기에의 뤼트허르 브레흐만은 앞으로 일자리의 절반이 사라질 거라며, 기본소득과 하루 3시간의 노동을 주장하기도 합니다. 솔직히 공짜로 돈 준다는 데 싫어할 사람 있을까요? 주면 땡큐죠. 더구나, 우리는 심지어 기본소득을 받으면 어떤 기분일지 이제는 대충 압니다. 왜냐고요? 코로나19가 덮쳤을 때, 다들 '전국민 재난지원금' 받아보셨잖아요. 사실, 이건 우리나라만 줬던 건 아니죠. 많은 국가들이 코로나19라는 재난 상황을 극복하기 위해 일종의 '재난 기본소득'을 지급했었습니다. 일을 하든 안 하든 전국민에게 동일한 기준으로 'Unconditional'하게 무조건적으로 나눠줬었잖아요. 재난 지원금이야 재난이 있었으니까 그렇다 칩시다. 그런데, 굳이 재난이 없어도 앞으로 매달 정부에서 일정 금액의 돈을 준다고? 이렇게 상상해보면 기본소득에 대한 막연한 환상에 빠지기 쉬운 게 사실입니다. 우리, 실제로 받아보니 좋았잖아요. 한우 값이 올랐었잖아요.[24]

사실, 기본소득 담론은 시간문제였다?

지난 2016년 겨울, 경제부 기자를 하며 금융위원회에 출입하던 시기에 한 고위 경제 관료를 만난 적이 있었습니다.[25] 당시만 해도 시중에 전기차가 정말 많지 않던 시기였거든요. 저녁 식사를 하면서 이런저런 현안에 대해 이야기를 나눴는데, 우연히 전기차의 미래에 대한 대화를 하다가 보험 정책에 대한 이야기가 나왔어요. 전기차는 내연기관을 쓰는 자동차와는 많이 다르니까 앞으로 어떻게 될까? 전기차가 많아지면 보험 제도도 뭔가 달라야 되는 게 아닌가? 이런 얘기를 주고받았던 기억이 납니다. 전기차는 엔진도 없고,

내연기관 차랑 다르니까 뭔가 바뀌어야 하지 않을까? 이런 얘기를 하고 있었어요. 돌이켜보면 시대를 앞서갔던 대화였습니다. 이렇게 테슬라가 많이 다니는 세상을 그때는 상상도 못했을 때니까요.

그런데, 그는 전기차 관련 보험 제도 이야기를 주고받다가 제가 상상치도 못한 뜻밖의 이야기를 꺼냈습니다. 바로, 기본소득 얘기였어요. 어찌 보면 동문서답이었습니다. 전기차 보험을 어떻게 하나? 보험료를 어떻게 책정해야 될까? 저는 이런 질문을 했었거든요. 비유하자면 저는 나무 한 그루, 거기 붙어 있는 나뭇잎에 대해 묻고 있었는데, 그는 그 질문을 듣고는 난데없이 큰 숲을 이야기한 겁니다. 마치, 제가 물어본 것보다 더 중요한 게 따로 있다는 듯이 말이죠. 그러면서 그는 나직하게 말을 이어 갔습니다.

"불과 몇 년 안에 기본소득 논의가 우리 사회에서도 불거질 겁니다. 그래서 금융위 내부에서도 아직 구상 수준이지만 이 문제를 검토하고 있습니다."

정말 뜻밖이었습니다. 이때는 말이죠. 핀란드가 세계 최초로 기본소득 실험을 시작하기도 전이었고요. 더구나 2016년이면, 박근혜 정부 시절입니다. 보수 정권이었어요. 지금이야 기본소득에 대한 책과 논의가 많이 나오기라도 하지만 당시로서는 기본소득은 정말 생소한 개념이었습니다. 당시 저는 기본소득은 일종의 '사회주의적 발상(Socialist concept)'이라고 느꼈을 정도니까요. 상당히 급진적인 정책이라는 생각이 들었습니다. 당시 그의 설명은 이랬습니다. 전기차 시대를 거쳐 자율주행차와 AI로 가속화될 '로봇 혁명'에 대한 대책을 마련하고 있다는 것이었어요.

요지는 이렇습니다. 전면적 자율주행이 시행되면 일단 운전기사가 사라질 것이고, 버스 회사와 택시 회사도 망한다. 그러면 당연히 기사들이 가입한 보험도 사라질 것이다. 그럼 대물 보험은? 그것도 마찬가지다. 완전 자율주행 시대가 도래해서 로봇이 주행하면 사고율이 현격하게 줄어들고, 그럼 역시 보험업의 정의 자체가 바뀌어야 할 수밖에 없다. 보험은 불확실한 사고에 대한 위험 회피 성격이 강한데, 확실성이 높아지면 보험업 자체가 성립될 수 없다는 거죠. 그럼 보험사도 줄어들게 되고, 하다못해 기사들이 사라지면 기사 식당마저도 사라질 수 있고. 이런 식으로 관련 산업 생태계가 순식간에 붕괴되면서 수백만의 실업자가 양산될 것이라는 얘기였습니다. 그러면 그로 인한 실업자들은 어떻게 할까? 이 질문에 그는 운송 노동자들의 경우, 특히 운전 기술 이외에 대체할 만한 기술 육성이 쉽지 않다고도 했습니다. 과거 버스마다 있었던 안내원 자리를 자동 안내 방송이 대체했고, 전화 교환수가 사라진 것처럼 로봇 혁명이 운송 업계를 중심으로 일어나면 우리 사회에 큰 충격을 줄 거란 얘기였습니다. 저는 보험료를 물어봤는데, 그가 왜 기본소득으로 답한 건지 그제야 이해할 수 있었죠.

이 때문에, 이른바 로봇세(Robot tax)가 필수적이며 이를 인간에게 어떻게 분배할지가 우리 사회의 주요 담론이 될 것이라는 말도 덧붙였습니다. 플랫폼을 장악한 소수의 자본가만 살아남고, 대다수의 국민들은 기본소득을 타먹고살아야 하는 세상이 올지도 모른다는 얘기를 은연중에 한 거죠. 공교롭게도 앞서 서울대 연구진이 제시한 디스토피아와 일치하는 예측이었습니다. 지금 보험업 자체가 사라질지 모르는데, 전기차 보험이 바뀌니 마니 보험료가 얼마니 제가 한가한 질문을 한 셈이 된 거죠. 처음에는 그의 대답이 동문서답인 줄 알았는데, 돌이켜보면 우문현답이었습니다.

그런데, 불과 3~4년 만에 그의 말 중 일부는 현실이 됐습니다. 식당의 안내원, 아르바이트생은 키오스크로 대체되고 있고, 한때 택시 기사들은 '타다'라는 운송 플랫폼이 나오자 생계의 위협에 내몰려 거리로 뛰쳐나왔습니다. 타다는 논란 속에 서비스를 한때 중단하기도 했지만 결국, 자율 주행차가 나오고 '인간 기사'가 사라지는 시대가 오면 플랫폼은 언젠가 다시 가동될 수밖에 없는 상황인 거죠. 플랫폼을 위한, 플랫폼에 의한, 플랫폼의 시대가 오고 있으니까요.

이런 와중에 코로나19 사태가 터졌던 겁니다. 코로나19로 인해 재난지원금을 받고, 기본소득의 개념을 몸소 체험하는 순간이 조금 일찍 다가온 것이지, 사실 기본소득 논의는 시간문제였던 거죠. 아마 그 관료도 코로나19까지 예측하진 못했을 겁니다. 그는 '로봇 혁명과 인간소외'에서 기본소득의 불씨를 찾아냈지만 '코로나19로 인한 경제 마비'라는 새로운 충격이 이 논의에 불을 붙인 거죠.

하지만, 결과적으로는 그의 예측은 정확했습니다. 그가 지적한 기본소득 담론의 핵심 추동력은 민생 파탄이었습니다. 국민의 삶이 파탄의 궁지에 몰리게 되면 자연스럽게 우리 사회에서 기본소득 논의가 나올 거라는 거였죠. 2020년에는 비록 로봇이 인간의 일자리를 아직 다 빼앗지는 않았었지만 대신 코로나19가 일자리를 대거 빼앗으면서 다수가 궁지에 몰렸고, 즉 국민의 삶이 파탄의 궁지에 몰렸고, 그 결과 재난지원금이라는 '미니 기본소득'이 출현했던 겁니다. 이 때문에 저는 "국민 대다수가 궁지에 몰리면 기본소득 담론이 나올 것"이라는 그의 대전제는 옳았다고 생각합니다.

기본소득 얼마나 줄 수 있나요? "간신히 먹고살 만큼"

그의 말을 듣고 이번에는 액수가 궁금해졌습니다. 만약 그의 말대로 기본소득이 지급된다면 기사님들이 그전에 벌던 월급만큼은 받을 수 있는 건지, 로봇이 낼 세금은 얼마나 될지 물었습니다. 그는 이렇게 답했습니다.

"월급을 보전하는 것은 불가능할 겁니다. 기본소득은 최소한의 생활을 유지할 수 있게 할 뿐인 거죠."

그는 예단하긴 어렵지만 많아 봐야 월급의 반토막 정도를 받기도 힘들 것 같다고 말했습니다. 물론, 사견을 전제로 한 조심스러운 추측이었습니다. 다만, 정책 바닥에서 수십 년 잔뼈가 굵은 '늘공[26]'의 사견이라 마냥 무시할 수도 없는 추측이었죠. 그 말을 듣다 보니, 이런 식이라면 기본소득은 그저 절대 빈곤층에게 최저 생계비를 지원하는 기초생활수급비나 다를 게 없다는 생각이 들었습니다. 그래서, 저는 직설적으로 되물었습니다.

"그럼, 기본소득이 일종의 기초생활수급비를 준다는 건가요?"

그 말에 그는 잠시 멈칫하더니, 아마 비슷할 수도 있다고 답했습니다. 사실 코로나19 당시, 우리가 받았던 전 국민 재난지원금은 일자리가 있는 사람들도 똑같이 받았습니다. 물론, 자영업자분들은 코로나19로 인해 큰 고통을 받으셨지만 직장인분들 중에는 월급은 월급대로 꼬박꼬박 받으면서 추가로 재난지원금을 더 받은 분들도 많이 있었죠. 저도 그랬었으니까요. 솔직히 말하면, 저도 돈 받으니까 기분 좋았습니다. 이렇게 이미 일자리가 있는 상황에서 월급에 보태주는 기본소득은 일종의 가욋돈이 될 수 있는 건데요.

만약, 일자리가 없는 상황, 월급을 못 받는 상황에서 받는 기본소득은 그렇게 낭만적인 상황은 아닐 거라는 거죠. 그저, 기초 생활을 유지할 수 있는 금액 정도일 거라는 겁니다. 실제로, 핀란드에서 실업자 2,000명을 대상으로 기본소득 실험을 실시할 때 지급한 돈은 매달 560유로, 명목상 우리 돈 70만 원 정도였습니다.[27] 북유럽의 높은 간접세와 물가를 감안하면 실질은 우리 돈 50만 원이 채 안 되는 돈일 겁니다. 월급을 대체하기엔 한참 부족한 금액이죠. 미국 오클랜드에서 실험적으로 지급했던 기본소득도 1,000달러, 우리 돈 130만 원 정도였고요.[28] 코로나19로 지급됐던 대한민국의 특별재난 지원금도 4인 가구 기준 100만 원, 1인당 25만 원 수준이었습니다. 어느 경우든 직업이 없다면 생계유지가 불가능한 금액입니다. 기본소득만으로 살아가는 삶, 넉넉한 삶이 아닌 것만은 분명한 거죠. 절체절명의 위기 상황입니다.

그래서 저는 기본소득이 반갑지 않습니다

≪사피엔스≫의 저자 유발 하라리는 인류를 위협하는 세 가지로 핵전쟁과 지구온난화 그리고 과학기술로 인한 실존적 위기를 꼽았는데요. 바로 이렇게 미래 인류가 처한 실존적 위기가 어떤 모습일지 상상한 이야기가 이미 영화로 나온 적이 있습니다. 바로, 봉준호 감독의 〈설국열차〉입니다. 〈설국열차〉는 계급에 따라 순서대로 탑승하도록 되어 있는 기차입니다. 극심한 양극화 사회의 축소판처럼 묘사되고 있죠. 열차 맨 앞 칸에는 클럽이랑 정원까지 호화 시설이 완비돼 있지만, 꼬리 칸에 탄 대다수의 하층민들은 최소한의 생계만 보장받습니다. 철저하게 계급이 나뉘어져 있습니다. 고급 음식을 먹는 앞칸 사람들과 달리, 꼬리 칸의 사람들은 연양갱처럼 생긴 '프로틴

<설국 열차> 포스터

블록'을 받아먹고 삽니다. 바퀴벌레로 만든 식량이죠. 이 블록, 맛있고 배부르라고 주는 음식이 아닙니다. 죽지 않을 만큼만 줄 뿐 인거죠. 플랫폼과 AI, 그리고 로봇이 장악한 미래 세상에서 기본소득은 바로 '프로틴 블록'인 겁니다. 바퀴벌레요.

코로나19는 잠시나마 우리 사회에 기본소득 논의를 앞당겨주었습니다. 코로나19와 같은 특별 재난 상황에서 기본소득의 지급은 불가피한 선택이었습니다. 많은 나라들이 금리를 낮추고, 나랏돈을 풀었었죠. 당장 사람이 살아야 했으니까요. 하지만, 우리가 앞으로 직면할지 모르는 기본소득의 시대는 '로봇 혁명과 AI'라는 새로운 '특별재난'까지 가세된 형태가 될 겁니다. 코로나19는 백신과 치료제가 나올 가능성이라도 있었지만 인류가 맞이할 '두 번째 특별재난'은 그런 가능성마저도 전혀 없는 상황인 거죠. 비관론자들의 예측대로라면 우리 중 절대 다수가 프레카리아트 그룹에 속해 '프로틴 블록'을 배급받는 우울한 상황이 될 수 있겠죠.

그래서, 저는 기본소득을 받고 싶지 않습니다. 기본소득의 시대가 빨리 찾아온다는 건 그만큼 인간소외가 가속되고 있다는 증거일 것이기 때문입니다. 기본소득을 받는 사람들이 점점 많아진다는 건 그만큼 우리 주변에 힘든 삶이 많아진다는 의미일 테니까요. 그리고, 기본소득을 내가 받게 된다는 건, 그 시점에는 아마도 내 직업이 이미 사라져 있을 가능성이 높다는 의미일 것이기 때문입니다.

이쯤 되면 기본소득이 과연 로봇 시대의 대안이 될 수 있을지 의문이 듭니다. 로마도 기본소득을 제공했었죠? 100만 로마 인구 중 17세 이상의 성인 남자들은 일을 하지 않아도 매일 빵을 먹을 수는 있었다는데, 미래의 우리는 기본소득으로 매일 빵을 사먹을 수나 있을까요? 우리의 일자리는 로봇이 가져가고, 남은 일자리는 지구인들이 한 바구니에 모여 박 터지게 경쟁해야 하고. 그렇다고 우리 모두가 손흥민이나 김연아가 되는 건 불가능하고. 그나마 소외된 사람들이 기댈 언덕인 '기본소득'은 생계유지도 힘들지 모를 '프로틴 블록' 수준이라니 더더욱 막막해집니다. 자, 그럼 우리는 앞으로 어떻게 살아가야 할까요? 어떻게 해야 로봇 시대에서 버텨낼 수 있을까요?

데이터를
주지 마시오

대체 불가능한 일이란 대체 무엇인가?

거대한 파도처럼 밀려오는 기술의 변화를 막을 수 없는 상황에서 많은 사람들이 이럴 때일수록 '대체 불가능한 사람'이 되어야 한다고 말을 하고는 합니다. 맞는 말입니다. 기계에 대체되거나, 아니면 경쟁자들에게 대체되거나. 둘 중 하나일지 모를 세상에서 우리는 대체되지 않기 위해 노력해야 합니다.

그런데, 대체 불가능한 사람이 된다는 게 말처럼 쉽나요? 잠깐 깜짝 설문 조사를 잠시 해볼까요? 혹시 이 책을 읽고 계신 분들 중에도 '나 없으면 회사 안 돌아가' 이런 생각을 하는 분이 계신가요? 내가 회사를 다 책임지는 것 같고, 내가 일을 너무 잘해서 회사는 나한테 많이 의지하는 것 같고 이런 생각 드는 분 계세요? 한번 마음속으로 손들어볼까요? 이런 분들, 지금 마음속으로 손드신 분들은 휴가 한 번만 가보면 금세 깨닫습니다. 나 없어도 회사 엄청 잘 돌아간다는 걸요. 심지어, 내가 없으니 더 잘 돌아갈 때도 있어요. 직장인들이라면 누구나 이런 경험이 한번쯤 있을 겁니다. 여럿이서 함께 짐을 나르다가 슬며시 내가 힘을 빼도, 잠시 충격은 있겠지만 짐은 바닥에 바로 떨어지지 않아요. 누군가 내 자리를 금세 대체하기 때문이죠. 인력과 자원이 넉넉한 큰 조직일수록 대체는 더 쉽습니다.

저는 지난 2010년부터 방송기자 생활을 시작했는데요. 생각해보면 기자만큼 대체가 쉬운 직업이 또 없습니다. 언론사의 뉴스룸이라는 곳은 정말 바쁜 곳인데요. 너무 너무 바쁘지만 그래서 역설적으로 거짓말처럼 나 없어도 정말 잘 돌아가는 조직이에요. 허무할 정도로 아주 팽팽 잘 돌아갑니다. 일례로 매일 밤 사건·사고를 전하는 사회부 야근 기자만 봐도요. 매번 근무자가 바뀌지만 뉴스는 일정하게 방송됩니다. 사람이 없어서 뉴스가 멈춘 적은 단 한 번도 없어요. 특정 출입처의 기자들 중에는 자기만의 전문성을 가지고 대체 불가능한 역량을 보여주는 경우도 간혹 있긴 하지만 그 기자가 없다고 해서 특정 꼭지는 못 나갈지언정 뉴스가 못 나가는 일은 없습니다. 심지어, 일상적으로 방송되는 뉴스 프로그램을 제작할 때는 그날그날 주어진 상황하에서 담당 기자들이 하루아침에 바뀌는 경우도 허다합니다. 급할 때는 몇 시간 전, 몇 분 전에 새로 투입되기도 해요. 큰일이 터지면 담당 부서에서 다 처리할 수 없기 때문에 여러 부서에서 파견을 받아서 그날의 뉴스를 처리하는 경우도 많거든요.

　기자가 하는 업의 본질은 다양하게 정의할 수 있겠지만 보통 큰 틀에서는 특정한 사안을 일목요연하게 정리해주고, 이와 관련한 전문가들의 견해를 취재해서 공적 목적을 가지고 대중들에게 전하는 일을 합니다. 취재 행위의 근간이 바로, 남의 말을 잘 듣는 겁니다. 기자들은 메시지를 직접 내는 사람이 아니라 메시지를 전달하는 메신저 성격이 그만큼 강하기 때문에 그 자리에는 누가 와도 별로 사라진 티가 안 나는 거죠. 그래서, 기자들이 휴가를 가고 연수를 가고 심지어 장기 휴직을 해도 뉴스는 꾸준히 방송됩니다. 빈틈도 안 생기고요. 겉보기엔 전혀 문제가 없습니다. 회사가 아주 잘 돌아가는 거죠. 그럼 지금 살펴본 기자는 대체 가능한 직업일까요? 그렇기도 하고 아니기도 한데요. 이게 도대체 무슨 소린지 설명해드릴게요.

　이렇게 서로 대체가 쉬운 기자들끼리 업무 인수인계를 할 때, 꼭 해주는 게 있습니다. 바로, 연락처 전달입니다. 오늘 내가 맡은 취재 업무를 휴가 등의 이유로 인해 누군가에게 대신 맡길 때 하나만 해야 한다면 연락처만 주면 되는 거죠. 보통, 현업에서 기자들끼리는 연락처를 '토스한다'고 많이들 말해요. 현안을 파악하고, 전화를 걸어 취재원으로부터 사안의 본질을 파악하고 이와 관련된 질문한 뒤에, 잘 정리해서 기사로 작성하는 게 기자라는 업의 본령이다 보니까 내가 맡았던 취재원의 연락처를 전달해주면 그걸 매개로 다른 기자가 내가 하던 일을 알아서 대신 해줄 수 있게 되는 거죠. 이렇게 기자들끼리 서로의 일을 대신 해줄 때는 특정 취재원의 연락처가 인력 대체의 핵심적인 연결 고리가 됩니다.[29]

그럼 기자가 대체 불가능한 존재가 되기 위해서 취재원의 연락처만 꽁꽁 싸매고 있으면 되는 걸까요? 실제로, 취재 욕심이 많은 일부 기자들은 자신만 아는 취재원의 연락을 공유 안 하는 경우도 간혹 있습니다. 어찌 보면, 본능적으로 자신의 대체 가능성을 줄이려는 시도를 하는 거겠죠. 그런데 연락처를 꽁꽁 싸매는 건 한계가 있습니다. 얼마든지 다른 사람한테도 물어볼 수 있기 때문입니다. 시간이 좀 더 걸릴 뿐이지 돌아 돌아 연락할 방법은 많잖아요. 이메일도 있고요. 회사 전화로 직접 거는 방법도 있고요. 이렇게 말하면 기자는 정말 쉽게 대체가 가능한 존재구나 싶은 생각도 들잖아요.

그런데, 기자가 어느 순간 대체 불가능한 존재가 되는 경우가 있습니다. 제가 어떤 기자의 업무를 대체하려고 취재원의 연락처를 넘겨받았다고 치자고요. 그다음부터 문제가 생기는 경우가 있습니다. 바로, 제가 전화를 걸면 취재원이 안 받는 경우가 있어요. 주로, 수사기관이나 정부 기관의 공직자들 중에 그런 경우가 많은데요. 전화를 안 받는데는 여러 이유가 있긴 합니다. 일단, 워낙 은밀한 정보를 취급하기 때문에 그런 경우도 있는 것 같고요. 또, 상대적으로 뉴스를 많이 만들어내는 취재원들은 대부분 공적인 자리에 있는 경우가 많기에 하루에도 너무나도 많은 전화가 걸려오다 보니까 일일이 전화 응대를 할 수가 없어서 모르는 번호는 그냥 받지 않게 되는 경우도 생기게 됩니다.

이런 순간이 왔을 때, '어떤 기자'들은 대체 불가능한 귀한 존재가 됩니다. 정말, 당장 급하게 중요한 정보를 특정 인물을 통해서만 취재해야 하는데, 그 인물이 만약 다른 사람 전화는 안 받고, 내 전화만 받아주는 사람이라면? 뉴스룸 조직에서 저는 대체 불가능한 존재가 되겠죠. 그래서, 정부 기관이나 기업 등에 출입하는 기자들은 자신의 존재감을 취재원들에게 각인시키면서 대체 불가능한 존재가 되기 위해 노력합니다. 주말에 취재원과 등산을 가기도 하고요. 함께 식사를 하고, 때로는 술잔도 기울이며 친분을 쌓기도 하고요. 어떻게든 눈도장을 찍기 위해 계속 찾아가기도 하고요. 자신만의 방식으로 기자는 취재원들과의 관계를 유지하기 위해 노력합니다. 예전에는 퇴근 시간 집 앞에서 술을 사들고, 무턱대고 기다리다가 집까지 따라 들어가서 술을 마시며 취재한 경우도 있었다고 하니까요. 기자 사회의 경쟁도 치열하긴 한 거죠.

이런 노하우 아닌 노하우는 기자들이 취재원과의 관계를 과시하며 무용담처럼 늘어놓는 경우도 많습니다. 그래서, 기자들은 자신이 하기에 따라서 대체 가능한 기자가 되기도 하고, 대체 불가능한 기자가 되기도 하는 거죠. 생방송을 잘하는 기자, 글을 잘 쓰는 기자, 구성력과 기획력이 좋은 기자. 이 외에도 다양한 분야에서 대체 불가능한 영역을 만들어낼 수는 있습니다.

그럼, 대체 가능한 기자와 대체 불가능한 기자를 가르는 기준은 무엇일까요? 바로, 내 업무를 매뉴얼로 만들 수 있느냐 그 여부일 겁니다. 화재 사건을 취재하는 건 매뉴얼로 만들 수 있습니다.

⑴ 우선, 화재 현장이 어딘지 확인하고, 영상을 확보합니다.

⑵ 관할 소방서에 전화를 걸어 피해 규모를 파악합니다.

⑶ 그리고, 화재 원인을 물어보고 후속 상황을 정리합니다.

⑷ 이걸 토대로 영상을 확인하면서 기사를 쓰면 됩니다.

수십 년간 쌓인 기자들의 업무 프로세스가 정형화되어 있기 때문에 그 매뉴얼대로만 움직이면 누구나 와서 하던 업무를 대체할 수 있게 되겠죠. 실제로, 언론사에는 야근자용 연락처가 기재된 사회부 기자 야근 매뉴얼이 따로 있어요. 이걸 보면 누구나 어렵지 않게 근무에 바로 적응할 수가 있습니다.

반면, 취재원에게 내 전화를 받게 만드는 일은 저마다 방식이 모두 다릅니다. 각양각색의 취재 방식이 존재하죠. 이런 경우에는 업무의 방식을 매뉴얼로 만들기도 어렵습니다. 사람의 마음을 움직이는 절대적인 법칙이란 건 존재할 수가 없죠. 그래서, 후자의 경우에는 평상시 이 문제에 대해 고민하고 공을 들여온 담당 기자가 자신만의 방식으로 일을 풀어가는 겁니다. 이런 건 매뉴얼도 없을뿐더러, 설령 자신의 노하우를 매뉴얼로 만들어준다고 해도 쉽게 따라 할 수도 없는 경우가 많습니다.

기자 직군의 예에서 대체 불가능한 사람과 그렇지 않은 사람을 가른 기준은 뭐였나요? 바로, '특정 직무를 매뉴얼로 만들 수 있는가', '누구나 매뉴얼대로 하면 비슷한 성과를 낼 수 있는가'였잖아요. 즉, 대체 불가능한 사람이 되려면 매뉴얼이 없는 일을 더 많이 해야 한다는 겁니다. 혹시 지금 독자분들은 매뉴얼로 만들 수 있는 일을 하고 계신가요? 아니면 그 반대인가요? 내가 지금 하고 있는 일이 매뉴얼 있는지 한번 생각해볼까요? 그리고 내가 하고 있는 일을 매뉴얼로 만들어볼까요? 누구나 그 매뉴얼을 보면 나를 대체할 수 있나요? 아마 조직이 클수록, 반복적인 업무를 할수록 매뉴얼이 나오는 경우가 많을 겁니다. 그러니 나 없어도 회사가 팽팽 잘 돌아가죠. 자, 그럼 우리 앞으로는 매뉴얼이 없는 일을 찾아봐야 할까요? 그럼 매뉴얼이 없는 일은 무엇일까요?

발자국이 모여 길이 된다

어떤 업무 영역이 매뉴얼로 만들어지려면 두 가지가 필요합니다. 인풋과 아웃풋 측면에서 접근할 수 있을 것 같은데요. 우선은, 인풋. 업무 투입에 관한 기준입니다. 매뉴얼이 힘을 발휘하려면 평균적인 역량을 가진 사람들도 충분히 수행할 수 있어야 합니다. 업무 매뉴얼 중에 무게 100kg의 역기를 들어야 한다는 지시가 있다면, 누구나 와서 할 수는 없겠죠? 즉, 매뉴얼을 소화할 수 있는 대상이 넓어야 하고요.

그리고, 아웃풋은 바로, 그 평균적인 사람들이 매뉴얼대로 어떤 일을 수행했을 때, 평균 이상의 결과물이 나와야 합니다. 평균이 평균을 만들 수 있을 때, 매뉴얼과 업무 대체는 가능해질 것이고요. 인풋과 아웃풋 모두 평균적인 통계에 근거해야 매뉴얼이 가치를 지닐 수 있을 겁니다. 결국, 가치 있는 매뉴얼은 높은 평균 점수를 요구하는 거죠. 평균이 검증되어야 매뉴얼로서 가치를 가지게 될 겁니다.

그럼, 평균은 어떻게 구할까요? 평균은 당연히 모든 경우의 값을 더한 뒤에 가짓수로 나눠서 구합니다. 그런데, 사례 서너 개만 가지고 평균을 구하는 게 의미가 있을까요? 평균은 표본이 많을수록 정확해집니다. 즉, 많이 반복될수록 정확해지겠죠. 76년 만에 찾아온다는 핼리 혜성을 관측하는 업무를 매뉴얼로 만들긴 어려울 겁니다. 샘플이 너무 적어서 검증하기가 어렵잖아요. 다시, 아까 하던 얘기로 돌아가서 말하자면, 매뉴얼은 '여러 차례' 반복을 통해 평균적인 사람들이 평균적인 결과물을 낼 때 강력한 힘을 발휘하게 된다는 겁니다.

즉, 반복되는 작업일수록 매뉴얼이 생길 가능성이 높을 수밖에 없죠. 처음에 발자국이 한 개나 두 개 정도 있을 때는 길이라고 부를 수 없지만 사람들이 수만 번 지나가서 발자국이 쌓이면 이 평균적인 자국이 모여 비로소 길이 됩니다. 바로 이 '검증된' 발자국을 따라가는 게 매뉴얼이고요. 그 매뉴얼이 생기는 순간 내가 힘들게 개발한 루트, 내가 찾은 길은 이젠 누구나 대체할 수 있는 쉬운 길이 될 수 있는 거죠.

여기서 말하는 이 발자국이 뭘까요? 바로, 데이터입니다. 내가 지나다닌 발자국은 하나씩 보면 그냥 평범한 흔적에 불과하지만 나의 보행 노하우가 축적된 좌표 데이터라고도 볼 수 있겠고요. 이런 내 발자국이 수만 번 쌓이면 그건 빅데이터입니다. 빅데이터는 길을 만들 수 있습니다.

실제로, 빅데이터는 인공지능의 먹이입니다. 하버드 대학의 자연과학과 교수도 인공지능이 백인 남성을 가장 잘 분류해내는 건 순전히 데이터가 많기 때문이라고 이야기합니다. 만약 '백인 얼굴 감별사'라는 직업이 있다면 가장 먼저 로봇에게 자리를 내주겠죠?

이건 지금까지 개발된 인공지능이 가진 특징 때문입니다. 지금의 인공지능은 스스로 학습해서 판단하는 것이 아니라 주어진 데이터를 분석하고 빠른 검색을 통해 판단하는 데 초점이 맞춰져 있거든요. 인공지능이 인간의 지능을 대체하고는 있지만, 인간의 지능과 같은 방식으로 작동하는 건 아니라는 겁니다. 마치 "비행기가 새를 모방했지만 하늘을 나는 방식은 새와 다르다"는 비유를 하는 전문가도 있습니다. 그래서, 아직까지는 데이터가 없는 인공지능은 한계를 드러낼 수밖에 없다는 거죠. 인공지능은 수많은 발자국이 있어야 그 길을 따라갑니다. 대신 인간보다 아주 빠르게요. 대체 불가능한 사람이 되려면 내 발자국을 들키지 않아야 합니다. 일단, 발자국이 모이는 순간 인공지능은 나보다 저만치 앞서갈 테니까요.

발자국을 감출 수 있을까?

여기까지 듣고 보니 참 어렵습니다. 나만의 길은 찾아가되 발자국을 남기지 않아야 남들이 따라올 수 없는 거죠. 무슨 도포 자락을 펄럭거리며 허공을 날아가는 무협지 주인공도 아니고 어떻게 발자국을 안 남기고 걸을 수 있죠? 참 어렵습니다. 우리가 발자국을 남기지 않으려면 어떻게 해야 할까요? 두 가지 방법뿐입니다. 하나는, 매번 지나간 다음에 발자국을 지우거나, 아니면 매번 다른 길로 가는 방법이 있죠.

자, 그럼 발자국을 지우는 것부터 살펴볼까요? 실제로 많은 기업들이 발자국 지우기를 위해 노력합니다. 자신들이 생산한 데이터는 그 자체로 귀중

한 자산이기 때문에 많은 기업들은 자신들이 얻은 빅데이터를 남들에게 공개하지 않으려고 합니다. 보이지 않게 지우는 행위를 하는 셈이죠. 우리의 개인 정보가 때로는 우리도 모르게 비싸게 거래되는 것 역시, 모두 이런 발자국이 그만큼 중요하기 때문입니다. 자, 기업들이야 자본과 기술력을 갖췄으니 자신의 발자국을 지운다지만, 그럼 이 책을 읽고 있는 독자분 한 분 한 분은 발자국을 어떻게 지울 수 있을까요? 사실 과거에는 발자국이 제대로 남지 않는 경우도 많았습니다. 아무도 보지 않는 데서 일하거나 나만의 노하우를 가진 사람들은 나의 데이터를 공개하지 않고도 얼마든지 일할 수 있었죠.

하지만, 요즘 같은 세상에서 나의 발자국을 남기지 않기란 정말 어렵습니다. 일단, 스마트폰이라는 도구가 고속의 통신 환경에 노출돼 있어 위치 정보, 주문 정보 등 나의 일거수일투족을 나도 모르게 감시하고요. 사무실은 물론이고요. 수도권이나 광역시 단위의 대도시권에서는 길가에도 도처에 CCTV가 설치되어 하루에도 몇 번씩 내가 녹화되는 줄도 모르고 우리는 살아갑니다. 2018년 중국의 유니콘 기업 클라우드워크는 짐바브웨 정부와 국가 수준의 포괄적 얼굴 인식 시스템 구축 계약을 맺기도 했는데요. 시민들의 동의를 얻지 않고도 사진에 접근하는 권한을 부여 받아 논란이 되기도 했습니다.

어디 사진뿐인가요? 거기에 카드 결제, 교통수단 이용 현황 등도 모두 발자국으로 남아서 뒤돌아보면 그새 나만의 길이 촘촘하게 생겨 있죠. 이렇게 수백만, 수천만, 수억, 수십억의 발자국이 하루에도 켜켜이 쌓이고 있습니다.

점점 기술이 발전하고, 편의성을 높여갈수록 이렇게 우리의 발자국은 점점 더 많이 남겨지고 있죠. 이렇게 남긴 발자국은 결국 매뉴얼이 될 수 있고요. 만약, 그 발자국이 어떤 업무에 필요한 거라면 쉽게 대체될 겁니다.

이렇게 남긴 발자국이 본업에도 영향을 미친 직업, 대표적으로 생각해볼 수 있는 게 바로, 바둑 기사입니다. 과거에 바둑 기사들이 바둑돌을 놓는 흔적인 기보는 그 자체로 고유한 가치를 지녔습니다. 일단 수백 수를 둔 기사들이 머릿속에 수를 외우고 복기를 하는 건 평범한 사람들은 따라 할 수 없었고요. 대체 불가능한 기술이었습니다. 일반인들은 수백 수의 수순을 사진 찍어놓지 않는 한 외우기 어렵죠. 아마, 카메라가 없던 그 옛날에 바둑 대국의 기보는 마치 순식간에 눈 녹듯 사라지는 발자국과 같았을 겁니다. 대국이 끝나고 바둑돌을 치우면 발자국이 사라지는 거죠. 그러다, 카메라가 생기고 촬영을 하기 시작하면서 기보는 신문 기사에 실리는 데이터가 되었습니다. 특정 바둑 기사의 기보가 분석되고, 기풍이 분석됩니다. 그리고 그게 데이터로 쌓이면 책으로 출간되기도 했습니다. 저작권을 인정받는 영역이 되었죠.

그런데, 요즘은 바둑 자체를 바둑판에 두지도 않죠. 그냥 컴퓨터로 둡니다. 마우스로 클릭한 수많은 디지털 발자국이 기보로 남고요. 훨씬 더 빠른 속도로 그대로 디지털 정보가 축적됩니다. 바둑 기사들은 본인들이 원하든 원치 않든 엄청나게 많은 기보들을 데이터로 남기고 있고요. 잘 아시다시피 그렇게 쌓인 발자국들은 인공지능 알파고의 좋은 학습 재료가 되었습니다. 그리고 이제는 인공지능에게 최고의 수를 물어보는 형태로 바둑 스포츠의

본질이 바뀌어가고 있습니다.[30]

이제, 우리가 매번 발자국을 없애는 건 사실상 불가능합니다. 스마트폰과 유튜브로 대표되는 영상 전성시대에는 더더욱 나의 흔적을 남기지 않는 건 불가능에 가깝습니다. 오히려 기술이 발달할수록 더 많은 발자국이 수집될 겁니다.

그렇다면, 남는 건 매번 다른 길로 가는 수밖에 없겠죠. 가뜩이나 모든 게 기록으로 남는 시대에 반복적인 일을 하게 된다면 우리는 누군가에게 금세 대체될 수 있는 단서를 제공하게 될 겁니다. 반복적인 일을 하지 않을수록 내가 하는 일이 매뉴얼로 만들어질 가능성이 낮아지고요. 아마, 상대적으로 대체될 가능성이 낮아질 겁니다. 그래서, 많은 사람들이 창의적인 일을 하면 대체 가능성이 낮다고 하는 건지도 모르겠습니다. 창의적이라는 건 반복적이지 않고, 매번 다른 작품을 남길 수도 있다는 의미일 수도 있을 테니까요.

반복적인 일이 대체 가능성이 높다고 하니, 저임금 노동은 쉽게 대체되고, 고임금 노동은 좀 더 특별하다는 생각을 하실지도 모르겠는데요. 실제로, 맥킨지에서 연구한 결과를 보면, 인공지능 기술개발이 특정 영역을 대체하는 것은 노동자의 임금 수준과는 큰 차이가 없었다고 합니다. 월급 더 받는 사람이라고 안전한 게 아니라 '내 업무가 반복적인가?' 그래서, '이게 데이터로 많이 남는가?' 즉, '내 업무가 빅데이터를 만들어내는가?'가 대체 가능성에선 중요한 기준이 된다는 거죠. 심지어, 맥킨지 연구소의 제임스 매니카는 자신의 저서 ≪미래의 속도(No Ordinary Disruption)≫에서 중간 혹은 상위 지식 노동자의 대체 가능성이 오히려 높다고 주장했습니다. 정원사보다 회계사의 대체가 더 빠를 수 있다는 겁니다. 회계사의 업무는 반복적인 데다, 데이터에 기반을 두기 때문에 그렇습니다. 오히려, 정원사의 업무가 더 창의적일 수 있죠. 일본의 제조업체 히타치는 생산뿐 아니라 경영 기법 관리 업무도 로봇과 인공지능이 하고 있다고 하니 관리자라고 안전한 건 확실히 아니죠?[31]

나만 창의적인 일을 하면 괜찮은 걸까?

반복되는 일, 데이터가 남는 일은 아무리 관리자라도 살아남기 어렵다. 여기까진 이제 알겠습니다. 그러면 무작정 창의적인 활동만 하면 괜찮은 걸까요? 꼭 그렇지만도 않다는 걸 보여주는 재미있는 일화가 있습니다. 2012년 미국 대선 기간에 오바마 대통령 캠프에서 선거운동을 펼쳤는데요. 이메일로 보내는 메시지를 두고 실험을 진행했습니다. 그냥 보내지 않았고요. 제목과 내용을 조금씩 달리해서 18가지 종류의 이메일 메시지를 만들어서 뿌려본 겁니다.[32] 인위적으로 상황을 설정해서 데이터를 수집한 거예요. 그래서, 오바마의 이메일 팀은 그중에 가장 반응이 좋았던 메일을 골라서 그것만 대량으로 발송했습니다. 오바마 캠프는 순수 창작 활동에 가까워 보이는 홍보 메일 작성조차도 개인의 역량에 맡기는 게 아니라 유사한 창작 활동을 여러 개 동시 다발적으로 실시한 뒤에 빅데이터를 수집하는 방식으로 진행한 거죠. 2012년 오바마 캠프는 이런 식으로 440만 명으로부터 온라인에서만 6억 9,000만 달러의 모금을 하게 되는데요. 당시 미트 롬니 선거본부의 4

배에 달하는 성과를 거둔 것으로 나타났습니다.

즉, 공급자는 비록 반복적이지 않은 업무를 수행하더라도 수요자가 절대적으로 많아서 데이터로 환산할 수 있는 작업이라면 결과적으로 창의적인 활동조차도 인위적으로 데이터를 발생시켜 특정한 매뉴얼을 유도할 수 있었던 겁니다. 실제, 오바마 캠프에서도 "Hey"라는 제목을 달아 친숙하고 편안하게 제목을 단 메일이 모금 효과가 높다는 '매뉴얼'을 만들 수 있었다고 하거든요.

또한, 이른바 생성형 AI가 진화하면서 막대한 예술 작품을 학습한 AI는 이제 그림도 그려내고, 소설도 쓰는 단계로 진화하고 있습니다. 창작 활동이라고 해서 빅데이터 앞에 안전지대는 아니라는 겁니다. 레오나르도 다빈치가 자신의 그림을 데이터로 안 남긴다고 해도, 또 매번 다른 화풍의 그림을 남긴다고 해도. 다른 화가들 수천만 명의 그림을 보면 이제 인공지능은 그걸 조합해 작품을 만들어낼 수 있습니다. 즉, 데이터 발자국은 나만 감춘다고 되는 일이 아니라는 겁니다. 내가 아무리 데이터를 꼭 쥐고 있어도 나와 비슷한 분야에 종사한 다른 사람이 데이터를 공급하면 무용지물이니까요. 나 혼자 매번 다른 길로 간다고 해도 남들이 발자국을 찍어대면 소용이 없는 겁니다. 나 혼자 창의적인 일을 한다고 피해갈 수도 없다는 거죠.

'남들이 하지 않는' 창의적인 일

정리하자면, 우리는 대체되지 않기 위해서 필사적으로 데이터를 줘서는 안 됩니다. 인공지능의 먹이인 빅데이터를 주지 말아야겠죠. 내가 지금 하고 있는 업무의 흔적과 오랜 기간 축적된 업무 노하우가 혹시 데이터로 환산되고 있는 일은 아닌지 돌아봐야겠죠. 만약 그런 점이 있다면 어떻게 해야 데이터를 주지 않을 수 있을지 고민해볼 필요가 있는 거죠. 그러나 그건 쉽지 않습니다. 우리는 플랫폼을 통한 소비 시대에 살고 있죠. 내가 어딘가에 팔고 있는 작품과 결과물, 또 내가 구입하는 작품이 동일한 플랫폼 안에서 대량 소비되는 사회에 살고 있습니다. 오바마 캠프가 이메일 테스트를 하듯이 우리의 상품 또한 별점이라는 이름으로 쉴 새 없이 데이터를 만들어내고 있죠. 오바마 캠프처럼 인위적으로 데이터를 만드는 노력을 하지 않아도, 우리가 아무리 반복적인 업무를 피하기 위해서 노력한다고 해도 데이터는 지금이 순간에도 술술 넘어가고 있는 거죠.

그런데, 어쩔 수 없이 데이터를 줘야 한다면 '놈⑦'들이 길을 찾을 수 없도록 반복을 피해 일정한 패턴을 벗어나는 일을 해야 할 겁니다. 과거에는 한결같은 성실한 사람이 근면하고 믿음직스럽다며 조직에서, 또 사회에서 대접을 받았다면 이제는 한결같은 사람은 '한결같은' 데이터를 남겨 금세 대체될지 모르는 운명에 처하게 될 수도 있는 거죠. 매번 다른 길로 가면 남들이 어느 쪽이 진짜 편한 길인지 알기 어려울 테니까요. 그런 의미에서 문제 해결의 복합적 능력, 창의적 접근법이 중요시되는 거라고 생각합니다. 하지만,

남들도 나와 비슷한 데이터를 만들어내고 있다면, 나 혼자 창의적인 일을 하는 건 소용이 없을 수 있습니다. 이럴 경우, 내가 아무리 데이터를 꼭 쥐고 있다고 해도 같은 일을 하는 다른 사람들이 데이터를 제공하면 결국 나는 언젠가 대체될 수 있을 테니까요. 만약, 남들이 따라오는 게 싫다면 그 분야에도 독보적인 존재가 되어야 할 겁니다. 그럼 오로지 나만의 데이터를 내가 통제할 수 있죠.

결국, ⑴ '남들은 하지 않는' 자신만의 분야를 개척해, 그 분야에서 ⑵ 반복적이지 않은 ⑶ 창의적인 업무를 수행하면서 ⑷ 그 분야에서 독보적인 존재가 되어야 살아남을 수 있다는 거죠. 이거 뭐 도움이 되는 조언인가요? 점점 산으로 가고 있나요? 이거 참, 말은 쉬워 보이는데 남들이 하지 않는 자신만의 분야는 어떻게 찾을 것이며, 그 분야에서 독보적인 존재는 어떻게 해야 될 수 있는 걸까요?

꿈을 굴리면
상위 1%가 된다?

자신만의 분야를 찾고, 독보적인 존재가 되는 법. 이 얘기하기 전에 한 가지 짚고 갈 것이 있습니다. 특정 분야에서 특출 난 재능과 실력을 겸비했다면 지금부터 하는 이야기는 별로 중요하지가 않습니다. 예를 들어서 내가 축구를 좋아하는데, 손흥민 선수나 메시 선수 정도의 재능과 실력이 있다. 그러면 그냥 축구를 하면 되죠. 거기서 대성할 겁니다. 그리고, 피겨스케이팅 분야에서 김연아 선수 같은 재능을 가지고 있다면, 역시 그 분야에서 승부를 보면됩니다. 잠시, 딴 얘기지만 재능이 있다고 해서 다 성공하는 건 아니겠죠. 손흥민, 김연아 선수 모두 피 나는 노력을 했다는 사실을 잊어서는 안 되겠습니다. 아무튼, 내가 특정 분야에서 피나는 노력을 통해 승부를 볼 수 있다면 그냥 그 분야로 가면 되는 거죠. 그 분야에서 상위 1%, 상위 0.1% 안에 든다면 아무 문제가 없습니다. 2090년에도 2계급에는 최상위급 스포츠 스타와 예술가들이 포진해 있었잖아요. 이런 길을 찾았다면 자기 갈 길을 가면 됩니다.

근데, 문제는 그렇지 않은 사람들이 훨씬 더 많다는 거겠죠. 내가 축구를 좋아하지만 모두가 손흥민 선수처럼 성공할 수는 없을 테니까요. 내가 피겨 스케이팅을 좋아한다고 모두가 김연아 선수가 될 수는 없으니까요. 그렇다고, 그냥 손 놓고 있자니 불안하고, 그럼 우리는 어떻게 해야 될까요? 어떻게 해야 상위 1%, 상위 0.1% 안에 들 수 있을까요?

1등할 자신이 없다면 새로운 과목을 만든다?

제가 어릴 때는 덩치도 큰 편이었고, 밥도 굉장히 많이 먹는 아이였습니다. 많이 먹을 때는 라면을 세 개씩 끓여서 먹기도 하고 그랬으니까요. 어릴 적에 자주 만났던 제 사촌 형도 만만치 않은 대식가였습니다. 그래서, 추석 명절 때 가족들이 모여 식사할 때는 계속 경쟁적으로 밥을 더 퍼다 먹는 경우가 많았습니다. 그런데, 저는 그 형이랑 차이점이 있었습니다. 저는 특별한 반찬이 없어도 잘 먹었다는 것. 저는 지금도 좋아하지만 어릴 때는 특히, 김치를 정말 좋아해서요. 잘 익은 김치 하나만 가지고도 밥을 몇 그릇씩 먹었던 기억이 납니다. 제가 밥을 먹으면 김치 한 통이 금방 없어진다는 말을 많이 들었었어요. 그런 모습을 물끄러미 보시던 저희 고모님께서 저한테 해주셨던 말씀이 있습니다.

"규현아, 너 김치랑 밥만 먹는 대회 나가면 1등하겠다. 야~"

　당시엔 웃고 넘겼습니다. 김치랑 밥만 먹는 대회 같은 건 실제로는 없잖아요. 그러니, 그냥 그만큼 내가 밥이랑 김치를 많이 먹는다는 말을 우스갯소리로 해주신 것이었죠. 그런데, 30년 정도 시간이 흐른 뒤에는 이 말이 더 이상 농담은 아닌 게 됐습니다. 스마트폰과 유튜브 혁명을 통해 '크리에이터 전성시대'가 오면서 김치랑 밥만 먹는 콘텐츠로 실제로 큰돈을 벌 수도 있는 세상이 되었거든요. 아무리 생각해봐도 저희 고모님이 시대를 많이 앞서 가셨던 것 같습니다.

　과거에는 방송사 혹은 언론사라는 존재가 세상의 모든 소식과 인물들을 취합해서 자신의 권력으로 편성 혹은 편집해 절대 다수에게 일방적으로 뿌렸다면, 이제는 개개인이 누구의 간섭도 받지 않고 시청자들과 직접 소통할 수 있는 세상이 된 거죠. 그렇다 보니, 올림픽이나 월드컵처럼 시장 크기가 크진 않을지언정 나를 지켜봐주는 누군가가 있기만 하다면 김치랑 밥만 먹는 대회도 열릴 수 있게 된 거죠. 세상이 그만큼 많이 바뀐 거죠. 실제로, 많은 크리에이터들이 자신만의 특수한 분야를 개척해서 큰 성공을 거두고 있습니다.

　30년 전, 제 고모님의 말씀대로라면 저는 김치랑 밥 먹기 분야에서 대체 불가능한 독보적인 존재였던 건데요. 바로, 그 말에서 단서를 찾아봅니다. 만약, 기존의 분야에서의 경쟁이 너무 치열하다면, 아예 새로운 종목을 만들어보면 어떨까요?

제가 잠시 퀴즈를 하나 내보겠습니다. 철인 3종 경기 선수와 개그맨 김병만 씨의 공통점은 무엇일까요? 제가 강연에 갈 때마다 학생들에게 꼭 묻는 질문인데요. 독자분들도 한번 맞혀보세요. 자, 뭐가 있을까요? 일단 둘 다 운동을 잘한다? "한 명은 철인이고, 한 명은 달인. 두 글자로 표현이 가능하다?" 이렇게 대답하는 학생들도 있었는데요. 그것도 틀린 말은 아닌데요. 제가 의도한 답은 아닙니다. 답은 뭘까요? 답을 생각해본 뒤에 이어서 읽어보세요.

자, 충분히 생각해보셨나요? 그러면, 하나씩 보겠습니다. 일단, 철인 3종 경기부터 보면요. 철인 3종 경기 선수는 수영과 사이클, 마라톤을 모두 해서 결승선을 통과했습니다. 철인 3종 경기 룰 자체가 그렇죠. 정말 대단한 체력을 가진 분들이 할 수 있는 종목이죠.

자, 그럼 이 선수가 만약에 올림픽 수영 대회에 나간다고 생각해보자고요. 그러면 거기서 1등을 할 수 있을까요? 당연히 거기는 수영을 훨씬 더 잘하는 선수들이 많겠죠? 수영만 전문으로 훈련해온 선수들과의 경쟁은 아마, 어려울 겁니다. 그럼 이 선수가 '투르 드 프랑스' 같은 사이클 대회에 나가면 우승할 수 있을까요? 아마 여기서도 이기긴 어려울 겁니다. 거긴 사이클만 전문으로 훈련한 선수들이 모이니까요. 끝으로, 마라톤 대회는요? 여기서도 역시 육상 선수들을 제치고 우승하긴 쉽지 않을 겁니다.

3개를 다 같이 하니까 어떤가요? 3개가 묶이니까 '철인 3종'이라는 새로운 종목이 만들어졌습니다. 즉, 여러 능력을 조합해서 새로운 분야를 만들어 거기서 새로운 영역을 만들고, 거기에서 승리한 겁니다. 수영 챔피언이 수영을 아무리 잘해도, 사이클 챔피언이 사이클을 아무리 잘해도, 마라톤 우승자가 마라톤을 아무리 잘해도 역으로 '철인 3종' 경기에서는 철인 3종 선수를 이기긴 어려울 수도 있습니다. 이건 완전히 새로운 종목이 된 거니까요.

이번엔 '스턴트 개그맨' 김병만 씨 이야기를 좀 해볼까요? 김병만 씨는 KBS 공채 개그맨입니다. 과거 인기를 끌었던 〈개그 콘서트〉라는 프로그램에서 김병만 씨는 유행어도 많이 만들어냈었고요. 이후 〈정글의 법칙〉 등에서 활약하면서 많은 인기를 누렸지만 사실 김병만 씨는 데뷔 당시에는 다른 동기들에 비해 크게 주목받지 못했다고 합니다. 보는 사람에 따라 여러 가지 평가 잣대가 있을 수 있겠지만 인지도나 출연료 수입이나 여러 면에서 당시 김병만 씨가 개그맨으로서 상위 1%에 들지 못했던 것은 분명해요. 실제로, 김병만 씨 과거 인터뷰를 보면 자신의 힘들었던 시절을 회고하는 내용들을 쉽게 찾아볼 수 있습니다.[33]

그런데, 이런 김병만 씨가 유명세를 얻기 시작한 것은 '달인'이라는 코너를 통해서였습니다. '달인'이라는 코너에서 김병만 씨는 말 그대로 달인의 면모를 보여주는데요. 재미있는 연기로 웃기기도 했지만 그런 가운데, 뛰어난 신체 능력과 기술들을 선보이게 되고요. 그러면서 대중들에게 널리 알려지게 됐습니다.

그 이후의 행보는 우리가 잘 아는 것과 같습니다. 몸을 쓰는 다양한 연기와 예능에 도전하게 되고요. 대표적으로 〈정글의 법칙〉이라는 프로그램에서는 정글에서 생존하기 위한 다양한 도전들을 보여주는데, 김병만 씨는 정말 못하는 게 없죠. 시청자들도 혀를 내두를 정도니까요. 거기에 비행기 조종과 스카이다이빙까지.[34] 김병만 씨의 커리어는 비록 개그맨으로 시작했지만 거기에 다양한 기예를 결합한 결과, 이후에는 '김병만 장르'가 새로 생겨나는 수준이 됐죠. 그래서, 우리가 〈정글의 법칙〉이라는 프로그램에서 김병만을 빼는 건 쉽게 상상하기 어렵죠. 각 방송사 연예대상을 휩쓴 유재석 씨마저도 '김병만 장르'를 소화하는 건 쉽지 않을 거라고 생각합니다.

어떤가요? 김병만 씨도 개그맨으로서는 웃기는 것으로는 처음엔 상위 1%에 들지는 못했었고요. 또, 김병만 씨가 아무리 비행기 조종을 잘한들 전투기 조종사보다 잘할 수는 없잖아요. 하지만 이런 특징들을 조합해 '몸 쓰는 예능인'이라는 새로운 장르를 만들어내니 이 분야에서는 김병만 씨가 독보적 존재가 됐습니다. 마치 제가 초등학교 때 '밥이랑 김치만 먹는 분야'를 개척했던 것처럼요. 자신만의 분야를 창조해서 그 운동장 안에서 경쟁의 틀을 바꾼 겁니다. 그리고, 김병만 씨는 이후 SBS 연예대상까지 수상했습니다. 진짜 상위 1%, 상위 0.1%가 된 겁니다.

자, 이제 두 인물의 공통점이 뭔지 이해하셨나요? 맞습니다. 바로, 여러 분야의 '조합'을 통해 새로운 분야를 만든 곳에 뛰어든 사람들이라는 겁니다. 기존의 분야의 경쟁이 너무 치열하고 그 안에서 상위 1%에 들기 힘들다면, 여러 영역을 조합해 새로운 나만의 종목을 만들어보는 건 어떨까요? 거기서 시장이 생기고 기회가 생기면 나는 상위 1%의 분야를 가진 새로운 크리에이터가 될 수 있는 거죠.

꿈을 굴려야 과목이 보인다

저는 이처럼 다양한 분야를 모아서 새로운 분야를 만드는 과정을 '꿈 굴리기'라고 표현합니다. 조금 전 살펴본 인물들에 이입해 이야기해본다면, 철인 3종 경기 선수의 경우에는 마라토너의 꿈이 있었지만 마라톤만으로 승부를 보기 어렵다면 수영과 사이클도 해보고, 그렇게 마라토너의 꿈을 여기저기 눈덩이처럼 굴려서 철인 3종 경기 선수라는 새로운 분야로 변형할 수 있는 것이고요.

김병만 씨도 마찬가지로, 개그맨이라는 꿈을 굴린 거라고 생각합니다. 개그맨이라는 꿈을 밑에 깔고, 다양한 기능과 기예를 겸비함으로써 꿈을 굴려서 새로운 형태로 키움으로써 '퍼포먼스 개그'라는 장르를 만들어냈고요. 독보적인 경쟁력을 확보해 시청자들의 선택을 받았고요. 나아가 〈정글의 법칙〉 같은 '김병만 장르'를 개척해 결국 새로운 자신만의 분야를 만들었다는 거죠.

이렇게, 꿈을 잘 굴려서 새로운 분야를 개척하게 되면 경쟁 압력은 확실히 낮아집니다. 제가 조금 전에 든 예들은 2개, 혹은 3개 분야를 조합한 것이지만 여기에 여러 분야를 많이 조합하면 조합할수록 어느 순간에는 나밖에 할 수 없는 분야가 생기게 될 것이고요. 그럼 나 혼자 하니까 당연히 1등을 할 수밖에 없겠죠. 예를 들어, 택시 기사라는 직업만 해도요. 택시 손님 경쟁이 치열해지면 먹고살기가 점점 빠듯해질 수밖에 없겠지만요. 만약에, 택시 기사님이 스페인어를 잘한다고 했을 때, 아마 스페인어권 관광객들은 이 택시만 타려고 하겠죠. 기존의 택시에 스페인어를 장착해서 '스페인어 택시'로

굴리는 행위라고도 볼 수 있겠죠. 굴리는 순간 새로운 영역이 생겨날 수 있습니다.

상위 1% 1개 vs 상위 20% 3개

그런데, 한 가지 간과하면 안 될 게 있습니다. 바로, 꿈을 굴리는 것도 절대로 쉬운 일만은 아니라는 사실입니다. 하위 30%의 역량을 아무리 조합한들 새로운 부가가치를 만들어내긴 어려울 겁니다. 내가 잘 못하는 분야를 여러 개 조합한다고 해서 시장에서 인정받을 수 있는 건 아닐 테니까요. 그래서, 많은 전문가들은 상위 20% 안에 드는 영역을 여러 개 만들라는 조언을 하고 있습니다.

철인 3종 경기 선수도 저보다는 수영을 훨씬 잘할 거고요. 사이클과 마라톤도 일반인보다는 월등히 잘할 겁니다. 김병만 씨가 비행기 조종사 자격증을 따기까지, 스카이 다이빙 훈련을 하기까지 수도 없이 크고 작은 부상을 딛고 얼마나 많은 노력을 했겠어요?

그래서, 꿈을 굴리는 일도 어찌 보면 더 어려운 일일 수도 있어요. 꿈을 굴렸다고 해서 나머지 일들을 헐렁하게 해도 된다는 뜻은 절대로 아니기 때문에 여러 개를 동시에 잘해야 하고요. 그러기 위해서는 더 많은 노력을 동시에 해야 할 겁니다.

제가 이렇게 말하면, "그럼 이렇게 어려운 걸 여러 개 동시에 하라는 게 조언인가요?" 하실지도 모르겠지만요. 한번 이렇게 생각을 해볼까요? 우리가 시험 성적을 올릴 때, 50점인 과목을 80점으로 만드는 게 더 어려울까요? 80점을 100점으로 만드는 게 더 어려울까요? 보통은 어떤 시험이든지 80점까지는 일정 수준의 노력만으로도 달성 가능한 경우가 많습니다. 기본 개념과 가벼운 응용문제를 이해하면 받을 수 있는 점수가 대략 80점 수준이죠. 하지만 거기서 100점을 만들기까지는 훨씬 더 피나는 노력을 기울여야 하는 경우가 많습니다. 훨씬 더 깊이 있게 이해하고, 복잡한 응용까지 가능할 때 점수는 100점에 가까워지죠.

그럼 이제 우리가 한번 생각해보는 거죠. 내가 어떤 분야에서 어느 정도의 노력을 통해 80점에 이르렀다고 치자고요. 그럼 여기서 이 분야에서 더 노력해서 100점을 만드는 게 중요할까요? 아니면, 또 다른 분야도 함께 공부하는 게 중요할까요? 아까 이야기한 대로, 내가 손흥민과 김연아 선수처럼 120점짜리 성적을 거둘 수 있는 재능과 노력이 있다면 당연히 여기에 뛰어드는 게 맞을 테고요. 만약 여기에 자신이 없다면 일단 80점을 딴 이 분야를 바닥에 깔고, 꿈을 굴려서 80점을 받을 수 있는 또 다른 분야를 여러 개 개척해 서로 조합해나가는 게 대안이 될 수 있는 겁니다.

그럼 한 과목에서 90점 정도 받는 건 어떨까요? 과거에는 90점을 받는 분들도 나름의 경쟁력을 갖출 수가 있었지만, 로봇 시대는 극심한 양극화와 기계 대체가 일어난다고 했잖아요. 최고가 아니면 점점 더 살아남기 힘든 환경으로 내몰리고 있다는 게 많은 전문가들의 예측입니다. 어차피 120점이 아니면 살아남지 못하는 건 매한가지라는 거죠. 80점이나 90점이나 한 우물에서 일군 성과로는 경쟁에서 밀릴 수밖에 없습니다.

"엇? 저는 한 과목도 80점이 안 되는데 그럼 어떻게 할까요?" 이런 상황이시라면 일단 한 가지 분야에서 80점 정도의 수준을 갖추기 위해 노력하는 게 더 중요할 수도 있는 겁니다. 즉, 자신만의 분야를 만들기 위해 꿈 굴리기를 하는 건 좋은 대안이 될 수 있지만 그렇다고 해서 한 가지도 제대로 못하는데 동시에 여러 개에 손을 대는 건 효율이 더 떨어질 수도 있는 것이니까요. 자신의 상황에 맞게 적용해볼 필요가 있겠죠. 한 우물을 파든, 꿈을 여러 개 굴리든, 일정 수준에 도달하기 위해 노력해야 한다는 점에서 동일하다는 건 반드시 생각하셔야 하겠고요.

당신의 명함은 몇 개입니까?

르네상스 시대의 대표적 인물로 손꼽히는 레오나르도 다빈치가 명함을 판다면, 거기에 자기소개를 어떻게 했을까요? 일단 〈모나리자〉를 그린 화가니까 아마도 화가라고 써넣었을 것 같고요. 그리고, 건축가. 또, 조각가, 발명가. 거기에 수학자에 해부학자까지. 아마 명함 한 장에 쓰기도 어려울 만큼 많은 수식이 붙을 겁니다.

상위 1%니 상위 20%니 이런 거 일일이 따지는 게 복잡하다면, 내가 명함에 새겨 넣을 직함을 여러 개 만들어보는 게 도움이 될 수 있습니다. 내가 어떤 직함을 명함에 새겼다는 건 실제 경제활동을 하고 있다는 것을 전제로 그만큼 시장에서 가치를 인정받고 있다는 증거일 수 있고요. 수익을 내는 직함이 여러 개라는 건 어느 정도 그 분야에서 상위 20% 안에 들었다는 걸 보여주는 방증일 수도 있으니까요. 만약에 내가 노래를 좋아해서 결혼식 축가 아르바이트로 돈을 벌 수 있다면 '축가 가수', 만약 내가 블로그 운영을 잘해서 돈을 받고 협찬 포스팅을 올린다면 '블로거'. 이런 식으로 내가 돈 벌 수 있는 여러 직함을 모아보는 겁니다. 그리고, 그 중심에 나를 놓고 생각해 본다면 자연스럽게 꿈 굴리기가 이뤄질 수 있을 겁니다.

여러 미래 예측 서적이나 자료들을 살펴보면, 전문가들이 지적하는 로봇 시대의 공통된 흐름이 크게 두 가지가 있습니다. ⑴ 하나는 어느 분야에서건 1위만 살아남게 될 거라는 거고요. ⑵ 다른 하나는 이를 위해 차별성이 있는 자신만의 콘텐츠가 있어야 한다는 겁니다. 로마 시대 때도 스파르타쿠스 같은 유능한 검투사나 원로원의 귀족들은 살아남았던 것처럼요.

그래서 이 두 가지를 동시에 달성하기 위해 우리는 꿈을 굴리는 연습을 할 필요가 있고요. 꿈을 굴리기 위한 분야를 수집해나가는 과정에서 내가 용돈 벌이라도 할 수 있는 분야의 명함을 늘려나가는 과정이 필요하다고 전문가들은 조언하고 있습니다.

제가 계속 자신만의 분야, 독보적인 분야 강조하니까 조금은 질리신 분들도 계실 것 같습니다. 아무리 생각해도 이런 것들이 전혀 쉬워 보이지 않는데, "꼭 새로운 분야를 개척하지 못하면 다 죽을 것처럼 겁줘야 하는 거야?" 이런 거부감을 느끼셨을 분들도 계실 것 같아요. 그럼, 우리는 꼭 새로운 걸 찾아야만 살아남을 수 있는 걸까요? 기존에 하던 걸 하면서 살 수는 없을까요? 혹은 1등이 아니더라도 살아남을 수 있는 방법은 없는 걸까요? 이제는 마지막으로 그 얘기를 해볼까 합니다.

필요한 사람이
되는 방법

업의 본질을 바꾸면 남는다

사람과 기계가 싸우면 누가 이기게 될까요? 당연히 기계가 이긴다고요? 저도 그렇게 생각하는데요. 인류 최초로 기계와 싸워서 이겼다는 사람이 있습니다. 바로 존 헨리라는 사람인데요. 존 헨리는 미국의 민담 속에 나오는 영웅의 이름입니다. 존 헨리는 아프리카계 미국인으로, 바위에 드릴을 박는 공사 현장 노동자로 알려져 있습니다. 존 헨리는 신체 능력이 매우 뛰어나서 일을 굉장히 잘했다고 전해지는데요. 쉽게 말해, 인간 에이스였죠. 그런데, 증기로 된 기계 해머가 나오면서 실존적 위협에 직면하게 됩니다. 민담에 따르면, 그는 기계와 대결을 벌이기로 결심합니다. 일자리를 빼앗아가는 '악

미국 웨스트버지니아에 있는 존 헨리 동상

귀'를 물리치려고 했던 거죠. 기계의 발명으로 인해 건설 현장의 노동자들이
해고될 위기에 처하자 동료들을 위해 존 헨리가 대결을 자처한다는 설정인
데요. 인간 대표 '에이스' 존 헨리와 증기로 된 기계 해머의 대결, 누가 이겼을
까요?

　예상을 깨고, 존 헨리는 사투 끝에 기계와의 대결에서 승리합니다. 하지
만, 그는 승리한 직후 심장마비로 허무하게 숨지고 말죠. 약간 믿거나 말거
나 이야기이긴 한데,[35] 존 헨리 이후, 기계를 이겼다는 사람은 아직까지 없습
니다. 바둑 기사 이세돌 9단도 구글의 인공지능 알파고와의 대결에서 대국
한 판 이긴 적은 있었지만 전체 대국에서는 결국, 졌죠.

　전설 속이지만 존 헨리는 사망했고, 이제 건설 현장에는 중장비가 인력을 대체했죠. 그리고, 이제는 존 헨리처럼 중장비와 결투를 신청하는 노동자도 사라졌습니다. 하지만, 존 헨리처럼 인간의 완력을 쓰는 행위가 완전히 사라지진 않았습니다. 바로, 스포츠로 남았습니다. 이것뿐인가요? 원반 던지기, 포환 던지기, 창 던지기. 과거 인간이 전쟁에서 직접 몸으로 싸우던 시절의 몸짓들은 지금은 각종 최신 무기들이 그 자리를 대체했지만, 오늘날 올림픽에서는 국가대표 선수들의 실제 그 종목을 가지고 힘을 겨루는 대결로 바뀐 것을 볼 수 있죠. 행위의 실체는 남아 있지만, 업의 정의가 바뀐 사례입니다.

비슷한 예는 또 있습니다. 자동차가 생기기 전 인류의 주된 교통수단은 말타기였죠. 나폴레옹도 말을 타고 전쟁을 했고요. 마차가 보편적인 교통수단이던 시절도 있었습니다. 하지만, 증기기관과 기차, 이어 내연기관과 자동차의 발명으로 인해 이제 말을 주된 교통수단으로 사용하는 곳은 거의 없습니다. 그럼, 말타기가 사라졌나요? 이것 역시, 스포츠로 남았죠. 승마라는 여가 활동으로, 또 경마라는 프로들의 겨루기 무대로 옮겨갔습니다. 누구나 할 수 있었던 보편적인 직업이 아니라 취미 혹은 프로의 세계로 옮아간 것이죠. 물리적 힘을 누리는 1차적 행위에서 벗어나 정서적 만족 혹은 감상의 대상이 되는 2차적 행위로 자연스럽게 바뀐 거죠.

시계 산업의 사례도 한번 살펴볼까요? 1960년대 이전까지 세계의 시계 산업은 스위스 장인들이 주도해왔습니다. 부품 하나하나 다듬어서 꼼꼼한 기계 장치 조립을 통해 시간을 알려주는 자동 장치인 시계는 그 자체로 기계 기술의 결정체입니다. 그래서, 시계는 상류층들만 누릴 수 있었던 사치품이었습니다.

그랬던 시계 산업이 일대 혁명을 맞이하게 됩니다. 바로, 배터리를 이용해 시간을 측정하는 '쿼츠 시계'의 탄생 때문이었죠. 1969년 일본의 세이코사가 배터리 기반의 시계인 쿼츠 무브먼트를 개발하면서 시계 산업의 판도가 바뀌었습니다. 지각 변동이 일어났죠. 고급 가죽과 금속 세공을 통해 한 땀 한 땀 만들던 수제 기계 장치였던 시계가 반도체와 액정 판넬로 대량 생산하는 전자 제품이 된 것이죠. 그렇다 보니, 일본에서 전자계산기를 만드는 회사가 시계도 만드는 일이 벌어졌던 거죠.

실제로 '쿼츠 혁명' 이후, 스위스 시계 산업은 큰 위기를 맞았습니다. 구조 조정이 일어나고 도산하는 곳도 생겨났죠. 그럼, 그 이후 스위스 시계 산업은 사라졌나요? 스위스 시계 산업은 구조 조정의 여파를 겪는 등 큰 위기에 처했지만 이후 스위스의 기계식 시계 제조 회사들은 고급화 전략으로 맞섰습니다. 즉, 시계 자체를 시간을 알려주는 재화로 승부하는 게 아니라 귀족들의 고급 수공예품으로 자신들의 위상을 다시 정립한 거죠. 그러면서, 스위스 시계 산업은 명품 산업의 하나로 다시 명맥을 이어가고 있습니다.

즉, 우리가 대체가 되어도 우리의 직업이나 우리가 해온 업의 물리적 형태가 즉시 사라지진 않을 수도 있다는 겁니다. 스위스의 고급 시계처럼 고급화 전략을 추구하거나 승마나 경마처럼 하나의 스포츠로 전문화되어 살아남을 수도 있는 거죠. 물리적 형태는 동일하지만 업의 본질을 다르게 정의함으로써 기존에 하던 걸 계속 하면서도 살아남게 된 것이죠. 지금 내가 하고 있는 일의 업을 어떻게 정의하면 계속 지속할 수 있을까? 이런 고민을 해보는 건 어떨까요?

하지만, 기존에 하던 걸 계속할 수 있다고 해서 평범한 시계 브랜드가 하루아침에 명품 브랜드가 될 수 없고, 평범한 마부가 하루아침에 경마 선수가 될 수는 없을 것입니다. 사라지지 않고 남는 일부는 철저하게 상위 1%만이 살아남게 될 것입니다. 존 헨리가 살아남아 다시 망치질 대회에 나간다고 해도 아마 국가대표 선발전을 거쳐야 할 테니까요. 업의 본질을 다르게 정의한다고 해도 역시 상위 1%가 되어야 한다니 막막한데요. 상위 1%가 되지 않고도 살아남을 수 있는 방법은 없을까요? 새로운 기회를 찾을 방법은 없을까요?

'엘리베이터 안내양'이 주는 교훈… "로봇을 도와라"

1990년대까지만 해도 주요 백화점에는 '엘리베이터 안내양'이라고 불리던 보직이 있었습니다. 말 그대로 엘리베이터 앞에서 안내를 해주는 분들이었어요. 손님들이 가고 싶은 층수를 물어본 뒤에 엘리베이터에서 해당 층의 버튼을 대신 눌러줍니다. 특정 직업을 '안내양'이라고 지칭하는 표현이 지금 보면 성평등 관점에서 부적절한 표현일 수 있겠지만 당시에 주로 이렇게 불렀습니다. 자, 그런데 이 직업 어때 보이나요? 엘리베이터 버튼만 눌러주는 단순한 일을 하는 것 같아서 언뜻 보면 단순 아르바이트 정도로 생각하기 쉬운데요. 당시 백화점에서는 4년제 유명 대학을 나온 여성들을 정규직으로 채용했다고 합니다. 요즘 따지는 기준으로 봐도 고스펙의 인재들이 맡던 일이었어요. 엘리베이터가 없던 시절, 계단으로 건물을 올라가야 했을 때는 층마다 안내원이 필요했겠지만 엘리베이터가 생기자 함께 이동하면서 엘리베이터도 조작하고, 층별 안내도 동시에 담당할 고급 인력이 필요했던 것이죠.

여기서 주목할 부분이 있는데요. 우선, 엘리베이터라는 새로운 기계의 출현으로 인해, 기계의 사용을 돕는 일자리가 생겨났다는 겁니다. 즉, 엘리베이터의 출현으로 계단을 통해 짐을 나르던 '지게꾼'의 일자리는 사라졌지만 '엘리베이터 안내양'이 생긴 거니까요.

당시 새로운 기회를 누군가는 잡았듯이, 대전환기를 보내고 있는 지금 우리도 관점을 바꾸면 새로운 기회가 보일 수도 있습니다. 로봇이 인간을 도와야 한다고만 생각할 게 아니라, 만약 로봇이 주가 되는 사회라면 역으로 인간이 로봇을 도울 방법은 없을지 생각해보는 거죠. 간단한 예를 하나 들어볼까요?

자, 요즘 많이 보급된 로봇 청소기를 한번 생각해보시죠. 로봇 청소기는 스스로 집안을 돌아다니면서 먼지를 빨아들입니다. 그런데, 만약에 바닥에 커다란 가구나 짐, 물건들이 어지럽게 널려 있다면 어떨까요? 이런 상황이면 로봇 청소기는 무용지물일 겁니다. 로봇 청소기가 업무(?)를 제대로 할 수 있도록 하려면 바닥의 물건들을 테이블이나 식탁 위로 치워줘야 합니다. 로봇이 일할 수 있는 바닥면이 넓을수록 로봇의 청소 성과는 올라가겠죠. 즉, 로봇 청소기는 인간이 하는 청소 업무 자체를 빼앗아갈 수 있지만 로봇 청소기가 일을 할 수 있도록 돕는 새로운 일자리는 필요할 수 있게 되는 거죠.

로봇 청소기처럼 육체노동을 대신하는 로봇은 물론이고요. 지능형 로봇 분야도 마찬가지입니다. 흔히, 딥러닝 방식으로 학습을 하는 인공지능의 경우에는 인공지능이 스스로 공부를 할 수 있는 게 아닙니다. 인물 하나를 분간하기 위해서도 수천 장의 사진을 수집하고, 그 사진이 누군지를 일일이 사람이 찍어서 알려줘야 합니다. 이런 걸 레이블링이라고 하는데요. 인간이 수작업으로 레이블링 작업을 도와줘야 비로소 학습을 마친 인공지능은 자동적으로 영상 속의 인물을 분석할 수 있게 되죠. 그래서, 역설적으로, 인간은 인공지능의 목숨을 쥐고 있습니다. 고양이 사진을 보면서 사람이 강아지라고 입력하면, 그걸 학습한 인공지능은 고양이를 강아지라고 말할 수밖에 없습니다. 근간이 되는 데이터가 오염되면 분석 결과도 엉터리가 되는 거죠. 이 과정에서 양질의 데이터를 확보하기 위해 정부나 기업에서는 많은 돈을 들여, 사업을 일으키고 일자리도 만들어내고 있습니다. 기계 학습 분야의 21세기판 '엘리베이터 안내양'인 셈이죠.

'모라벡의 역설(Moravec's paradox)'이라는 게 있습니다. 카네기멜론 대학 로봇공학연구소의 한스 모라벡이 1980년대 주장한 이론인데요. "컴퓨터가 쉽게 하는 건 사람에게 어렵고, 사람이 쉽게 하는 건 컴퓨터에게 어렵다"는 거죠. 컴퓨터는 복잡한 수학 계산은 순간적으로 해낼 수 있지만, 간단한 요리조차도 데이터가 없으면 할 수가 없습니다. 반면, 인간은 스스로 간을 보면서 스스로 생각해 간단한 요리는 어렵지 않게 할 수 있지만 반대로, 복잡한 계산은 한 번에 못하죠.

이처럼 컴퓨터가 어려워하는 분야는 의외로 사람이 더 잘할 수 있는 일이기 때문에 사람이 해야 할 일이 남아 있을 가능성이 높습니다. 과거에는 기계가 인간을 돕는 수준이었다면, 발상을 바꿔서 기계를 돕는 인간의 역할을 적극적으로 찾아보는 건 어떨까요? 1등이 아니더라도 로봇 시대에 살아남을 수 있는 필요한 사람이 될 수 있는 또 하나의 방법이 될 수 있습니다.

다만, 이렇게 만들어진 일자리는 오래가지 않을 가능성은 있습니다. 로봇의 능력이 발전할수록 사람의 도움은 점점 줄어들 테니까요. 그때그때 변화에 적응하는 능력은 중요할 수밖에 없습니다. 지금 '엘리베이터 안내양'은 사라졌으니까요. 새로운 기회를 찾기 위해 꾸준히 공부해야 하는 건 반드시 필요하겠죠. 그만큼 기술과 시대 변화도 빠르게 진행되고 있으니까요. 그럼 기존에 하던 걸 계속하면서 좀 더 오래 버틸 수 있는 방법은 없을까요?

인간의 마음을 다루면 더 오래 버틸 수 있다?

업계에서 왕성하게 활동하고 있는 A변호사와 식사를 한 적이 있습니다. 유독 신산업 분야에 관심이 많은 법조인이다 보니까 이런저런 대화를 하다가 우연히 로봇과 인공지능에 대한 대화를 할 기회가 있었습니다. 저는 변호사들이야말로 판례라는 빅데이터를 다루는 산업의 종사자들이기 때문에 기술 발전에 많은 위협을 느낄 거라는 지레짐작을 했습니다. 그래서, 이렇게 물어봤습니다.

"앞으로 판례 분석이나 사건 분석 같은 경우에 인공지능이 도입되면 변호사분들도 일자리를 위협받으실 수 있다고 생각하세요?"

저는 당연히 어느 정도는 걱정할 것 같다는 생각으로 질문을 한 건데, 돌아온 답은 의외였습니다.

"저는요. 인공지능이 와도 일자리를 잃지 않을 것 같아요. 현업에 있으면서 요즘 더 그런 생각이 굳어집니다."

왜 그런지 물어봤더니, 의외의 답이 돌아왔습니다. 로봇과 인공지능이 감정까지 어루만져주지는 못한다는 것입니다. 냉철한 이성으로 소송에 임할 것 같은 법조인이 감정을 어루만진다는 게 무슨 말일까요?

A변호사는 그러면서 최근 자신이 다루었던 한 사건에 대해 이야기해주었습니다. 그는 자신이 범죄 가해자로 지목된 한 대기업에 다니는 직장인에 대해 법률 자문을 했었는데, 상황을 들어보니 사건 개요도 단순하고, 판례도 많은 내용이어서 자문하는 데는 별 어려움을 겪지 않았다고 합니다. 그래서, 사무실에서 한 차례 만남을 갖고 경찰 조사를 받을 때 주의해야 할 점 등을 일러주고 돌려보냈다고 합니다.

그런데, 의뢰인이 얼마 후 경찰 조사를 앞두고 다시 찾아오더니 경찰서까지 함께 가달라는 부탁을 해오더라는 겁니다. 아니, 지난번에 자세히 다 알려드렸는데 굳이 왜 찾아왔을까. 자세히 살펴보니, 그 의뢰인은 몸을 부들부들 떨고 있었다고 합니다. 자신이 범죄에 연루되고, 유죄 판결을 받기라도 했을 때 혹시 직장에서 해고나 징계를 당하면 어쩌나 하는 불안한 마음에 몸과 마음이 정상 상태가 아니었던 겁니다. 심지어, 그 의뢰인은 변호사 앞에서 두렵다면서 눈물까지 보였다고 합니다. 그래서, 의뢰인을 달래서 경찰서에 같이 가주고 의뢰인을 안심시키느라 진땀을 뺐다는 얘기를 해주었습니다. 당연히 A변호사는 한 번만 해줘도 됐을 법률 자문을 여러 차례 해줄 수밖에 없었다고 합니다. 사실상 심리 자문까지 하면서 일감이 자연스럽게 늘어났던 거죠.

A변호사는 로봇과 인공지능이 법률 시장에 도입되면 판례 분석과 사건 분석에서는 자신보다 빠르게 검색하고 더 정확하게 판단할지도 모르겠지만, 울먹이며 공포에 떨고 있는 의뢰인을 안심시키고 경찰서에 동행해주는 심리적 지지자의 역할까지 과연 로봇이 할 수 있겠느냐, 한다고 해도 그 시점은 꽤 오래 걸리지 않겠느냐고 저에게 반문했습니다.

그러면서 그는 이런 사례가 생각보다 많다면서 이런 경험을 반복되다 보니 로봇이 업무의 보조 수단은 될 수 있어도 절대로 자신의 대체 수단은 될 수 없을 것 같다는 확신이 든다고 말했습니다. 그러면서 자신은 앞으로 법조인으로 살더라도 상대방의 감정을 어루만지고, 마음을 달래는 사람이라는 마음가짐으로 일하겠다는 이야기도 했습니다. 그래야 자신이 시장에서 필요한 사람이 될 수 있다는 겁니다.

돌이켜보면 기자들도 이와 비슷한 구석이 있습니다. 기자들이 좋은 기사를 쓰기 위해서는 취재원, 인터뷰 대상의 마음을 잘 어루만지는 게 무엇보다 중요하거든요. 속에 있는 진솔한 이야기, 남들에게 하지 못한 이야기를 꺼

낼 수 있도록 편하게 만들어주는 힘. 신뢰를 주는 힘. 이런 것들이 좋은 기사를 쓰는 기자를 만드는 중요한 능력 중에 하나로 평가받습니다. 일부 언론사에서는 이미 로봇 기자가 도입된 곳도 있지만, 로봇들이 쓰는 기사의 면면을 살펴보면, 스포츠 중계 기사처럼 수치로 정형화할 수 있는 기사들에 한정돼 있고요. 심경을 듣는 기사라든지, 섬세한 기획 기사는 아직 로봇의 영역은 아닌 상황입니다. 이처럼 AI 기술이 발달하면서 지식이나 정보를 습득하고 분석하는 업무는 빠르게 대체되는 영역들이 생겨나고 있지만 인간의 마음과 관련된 일, 인간의 감정을 이해하는 일은 여전히 인간의 몫으로 남아 있는데요. 우리는 여기에서 하나의 단서를 더 찾아볼 수도 있지 않을까요?

마음을 다루는 일은 언제쯤 대체될 수 있을까?

그럼 로봇이 정말 발달해서 사람의 감정까지 어루만지는 상태가 오면 어떤 현상이 벌어질까요? 영국 드라마 〈휴먼스〉에서 비슷한 사례를 다루고 있는데요. 이 드라마는 집집마다 가사 일을 돕는 인공지능 로봇을 두고 사는 일상이 펼쳐진 미래가 배경입니다. 극중에는 고도로 발달한 인공지능 로봇들이 나오는데요. 주인공격인 가사 로봇 '아니타'는 청소나 설거지 같은 물리적인 집안일뿐 아니라, 아이를 돌보는 감정적인 노동도 잘하는 것으로 묘사되는데요. 오히려, 인공지능 로봇이 실제 엄마보다 너무 잘 돌봐서, 아이가 엄마 대신 로봇을 찾는 모습이 나옵니다. 만약 이렇게 로봇이 감정을 다루는 일까지 인간보다 더 잘하는 시대가 온다면 A변호사의 주장도 더 이상 설득력을 얻을 수는 없겠죠. 그럼, 이런 시대는 올 수 있을까요? 만약, 온다면 그건 언제쯤이 될까요?

1970년 일본의 로봇 공학자 모리 마사히로가 이른바 '불쾌한 골짜기(Uncanny Valley)' 이론을 제시한 적이 있습니다. 이게 무슨 이론인지 아래 그래프를 보면서 설명해볼게요. 아래 그래프를 보면 세로축에는 호감도(Affinity)가 표시돼 있고요. 가로 축은 인간과의 유사성(Human Likeness)이 나타나 있습니다.

일단, 초기 단계에서는 인간과 유사성이 높아질수록 호감도가 올라가기

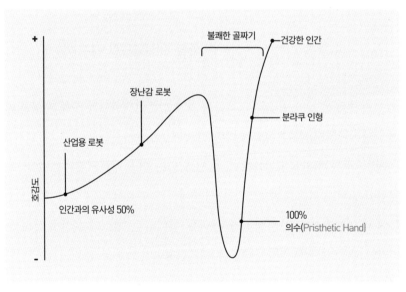

불쾌한 골짜기 이론

시작합니다. 그러나, 어느 순간이 되면 호감도는 급격하게 추락하더니 마이너스까지 떨어집니다. 그리고, 인간과 100% 동일한 수준이 됐을 때, 비로소 호감도는 다시 올라오게 됩니다. 바로, 로봇의 발전 단계에 따라 인간이 느끼는 감정을 표현한 그래프인데, 그래프상에서 급격하게 떨어지는 부분, 바로 저 부분을 '불쾌한 골짜기(Uncanny Valley)'라고 부르는 겁니다. 즉, 로봇이 어느 정도 발전할 때까지는 인간이 호감을 느끼지만, 선을 넘었을 때는 거부감이 생길 수 있다는 거죠. 인간과 100% 가까운 정도로 유사해지지 않는 한 로봇에 대한 거부감이 높을 수 있다는 걸 이 그래프로 확인할 수 있습니다.

사실 이 이론에 대해서는 찬반양론이 맞붙고 있지만 지난 2009년에 미국 프린스턴 대학 신경과학연구소에서 관련 연구를 진행한 적이 있습니다. 당시, 연구팀은 원숭이 얼굴과 닮았지만 동일하지 않은 이미지를 보여주며 실험을 진행했는데요. 원숭이와 닮은 정도가 올라갈수록 원숭이들이 호감을 보이지는 않는 것으로 나타난 겁니다. 그리고, 원숭이와 100% 동일한 경우에는 호감을 표시한 것으로 나타나 원숭이 실험을 통해서도 이 그래프와 어느 정도 비슷한 결과가 나타난 적이 있습니다. 일종의 원숭이 실험을 통해서도 일부 가설을 검증한 거죠.[36] 이에 대해 연구진은 '불쾌한 골짜기 이론'이 진화론적 배경이 있을 수 있다는 의견을 제시하기도 했었는데요.

결국, 우리가 인간의 감정을 다루는 일을 한다고 했을 때, 그게 정말 인간과 아주 흡사해지지 않는 이상은 인간은 어느 정도의 거부감을 느낄 수 있고, 그런 경우에는 인간이 여전히 지켜낼 영역이 남아 있을 수도 있을 것으로 예상해볼 수 있죠. 그래서, 많은 전문가들이 인간의 미묘한 감정을 다스리는 일은 당분간 인간의 영역으로 남을 가능성이 높다고 보고 이와 관련된 조언이나 주장들을 내놓고 있습니다. 앞서 든 예에서 A변호사가 경험을 통해 자신의 영역이 계속 남아 있을 거라고 단언했던 것은 바로 이 '불쾌한 골짜기'에서 자신이 할 수 있는 역할을 직감적으로 감지했기 때문은 아니었을까요? 자신이 속한 분야에서 인간의 감정과 관련된 분야를 찾아본다면 로봇 시대에 더 오래 살아남을 수 있는 대안이 될 수 있지는 않을까요? 자신의 꿈을 '굴려' 나가려고 할 때 인간의 마음을 다루는 쪽도 함께 생각한다면 우리는 좀 더 오래 살아남을지도 모릅니다.

묻어가면 묻히는 세상

제조업을 중심으로 눈부신 성장만을 거듭하던 고도성장기, 우리의 성장 전략은 단순했습니다. 1등이 지나간 자리를 따라가기만 하면 됐습니다. 가장 물건을 잘 만드는 나라가 어딘지 따져보고, 어떻게 만드는지 본 뒤에 우리가 따라서 만들었습니다. 그래서, 우리나라 성장의 역사는 '모방의 역사'이기도 했습니다.

모방이 나쁘다는 소리를 하려는 게 아닙니다. '모방은 창조의 어머니'라는 말도 있잖아요. 1등이 아닌 사람이 가장 빠르게 성장할 수 있는 길은 일단 따라서 하는 것이죠. 우리나라는 1등이 아니었잖아요. 저만치 아래에 있었죠. 앞사람을 따라잡기 위해 죽어라 노력해야 했죠. 리더가 아닌 팔로워의 숙명과도 같았습니다. 하지만, 팔로워에겐 장점도 있습니다. 비록 몸은 힘들어도 마음은 편하다는 거죠. 내가 뭘 해야 할지 정해져 있으니까 고민의 폭이 좁습니다. 목표가 간명하거든요. 1등의 뒤통수를 보고 무작정 달리기만 하면 되니까요.

저는 바로, 이런 시기를 거치면서 유년기를 보냈습니다. 제가 중학교 때

IMF 구제금융을 맞이했으니까, 어찌 보면 저는 고도성장의 끝물을 경험해 봤다고도 할 수 있겠죠. 리더십보다 팔로워십을 강조하던 고도성장기에는 흔히 "줄을 잘 서야 성공한다"는 말이 있었습니다. 좀 더 거친 표현으로 풀어보면 까불지 말고, 기존 권력을 따라가라는 말이었죠. 비슷한 표현으로는 "모난 돌이 정 맞는다"는 말도 있었죠. 대세에 순응하고, 튀지 않는 게 위험을 줄이고, 안정적인 성장의 발판이 될 수 있다는 말입니다. 때로는 권위주의를 정당화하는 데 악용되기도 했던 말들이지만, 이 말은 고도성장기 산업역군들에게는 어느 정도 필요한 말이기도 했습니다. 목표가 정해져서 모두가 한 방향으로 뛰고 있는 상황에서는 아이돌의 칼군무처럼 모두가 일사불란하게 행동해야 집단의 효율이 높아졌을 테니까요.

모난 돌이 되어 정을 맞아라. 제발…

하지만, 로봇 시대에는 줄을 잘 서면 어떻게 될까요? 모난 돌이 정 맞을까 봐 조용히 묻어가면 어떤 일이 벌어질까요? 로봇 시대가 가져올 극단의 양극화 시대, 남들처럼 줄을 잘 서서 따라가다 보면 아마 2090년쯤에는 나도 모르게 조용히 하위 99%에 속하게 될 겁니다. 묻어가려다가 함께 묻혀버리는 거죠. '묻어가기 전략'은 고도성장기, 성장의 과실을 나눌 수 있을 때나 성립하던 처세의 공식이지 이제는 더 이상 설득력을 얻기 어렵습니다.

이제는 튀어야 살 수 있습니다. "너, 그러다 남들에게 손가락질 당한다",

"보는 눈이 있으니 조심스럽게 행동하라"는 조언은 이제는 하향 평준화된 다수에 매몰되라고 조언하는 것과 같습니다. 오히려, 남들과 차별화된 시도와 주장, 자신만의 근거와 상품을 내세울 때 주목받게 되고요. 크건 작건 자신만의 시장이 생깁니다. 차별화만 한다고 다 성공한다는 말이 아니고요. 그나마 성공할 가능성이 생긴다는 말입니다. 비로소, 살아남을 수 있는 길이 보일 거라고 생각합니다.

최근에 이른바 'MZ세대론'이 확산하면서 20대의 차별적인 시도를 '튀는 행위'로 규정하고 낮잡아보는 주장들도 간혹 눈에 띄는데, 저는 이런 풍경을 보면서 이른바 '튀는 행위'들이 유전적 본능이 발현된 결과는 아닐까 조심스럽게 추측해봅니다. 기성세대들이 볼 때는 저마다 자신만의 유튜브 채널을 하나씩 가지고 있는 젊은 세대들이 의아해 보일지 모르겠지만, 이들에겐 본능적으로 체득한 생존의 문제일 수도 있는 겁니다. 이제는 튀어야 사는 세상이니까요. 자신만의 분야를 만들어야 하는 세상이니까요. 오해하시면 안 되는 점은 남들과 다르기만 하다고 해서 다 성공한다는 소리는 아니라는 겁니다. 남들과 다르면서 잘해야 되겠죠. 그래서, 더 힘든 길임에는 분명합니다. 하지만, 확실한 건 남들과 비슷하게 행동해서는 살아남을 확률은 0%에 수렴할 거라는 거죠. 로봇 시대에서는 중간은 취급하지 않습니다.

닫는 말

한 우물만 파지 마세요, 제발⋯

이뿐인가요? 예전에는 이것저것 여러 분야에 관심을 갖고, 시도하는 사람들은 핀잔을 듣던 시절도 있었습니다. 주로 "한 우물만 파라" 이런 조언이 많았죠. 당시로서는 아주 틀린 조언은 아니었습니다. 고도성장기, 고도의 분업 체계로 1등을 쫓아가야 하는 시절에서는 서로 역할을 나눠서 한 분야에서 전문성을 쌓아 일가를 이루는 것이 성공의 지름길이라고 봤던 것이죠.

그런데, 로봇 시대에서는 이 말 또한 더 이상 유효한 말이 아닙니다. 특정 분야에서 한 우물만 깊게 판 사람에게 중요한 의사 결정을 맡길 수 있을까요? 잘 한번 생각해보면요. 기업이나 국가 조직에서 발생하는 문제는 대개 복합적입니다. 여러 원인이 복합적으로 작용해 여러 양상이 혼재돼 있는 경우가 많습니다. 이런 문제라면 당연히 해법도 복합적인 사고가 수반되어야 할 수밖에 없습니다. 만약에 20년 동안 회계 업무만 담당해 자신의 전문성을 키워온 직원이 있다고 했을 때, 그 직원은 회계 담당자로서는 유능한 의사 결정을 할 수 있을 것입니다. 회계 분야에 한해서 말이죠. 자신의 분야에서 적절한 통계를 뽑아내고 그걸 바탕으로 의사 결정에 대한 조언을 할 수 있을 테니까요.

만약, 회사에 중대한 리스크가 생겼다고 가정해보자고요. 이런 경우에 회계 분야의 조언만으로 문제를 풀 수는 없습니다. 법무, 마케팅, 인사, 영업 등 다양한 조직에서 발생하는 영향을 고려해서 종합적인 해법을 찾는 의사 결정을 해야 하죠. 과거에는 이렇게 한 우물을 판 다양한 중간 관리자들의 의견을 종합해서 최종 의사 결정권자가 판단해 문제를 해결했습니다. 그래서, 전문가 수업과 이른바 '제왕학'은 구분되었습니다.

하지만, 앞서 살펴본 것처럼 로봇 시대에는 이런 '기능형 중간 관리자'는 쉽게 대체되고 말 겁니다. 대개 기능형 중간 관리자는 반복적인 업무를 기계적으로 수행하기 쉽고, 이는 많은 데이터와 흔적을 남기게 되거든요. 금세 빅데이터가 쌓이고 대체될 수 있을 겁니다.

오히려, 여러 우물을 파보고 다양한 관점에서 깊게 고민한 인재가 있다면 리더는 그 사람의 말에 더 귀를 기울일지 모릅니다. 같은 중간 관리자라도 '기능형 중간 관리자'보다는 '종합형 중간 조언자'가 더 오래 살아남을 수 있는 이유가 되겠죠. 그래서, 한 우물을 파는 것이 로봇 시대에는 득이 아니라 독이 될 수도 있는 겁니다. 여러 우물을 깊게 파야 살아남을 수 있는 시대, 이렇게 로봇 시대에는 격언들도 달라져야만 합니다.

로봇 시대, '함께' 살아남기

만약 우리가 먹고살 수 있는 자원이 나오는 돈줄이 강물이라고 상상한다면, 우리 세상에는 크게 두 가지 강이 흐르고 있습니다. 하나는 기업들이 시장에서 겨루고 있는 민간 부문(Private Sector)이고요. 다른 하나는 공적 자원인 세금을 배분하는 공공 부문(Public Sector)입니다.

로봇 시대는 '독점의 시대'입니다. 승자 독식의 시대, 중간은 사라질지 모르는 시대입니다. 로봇 시대가 오면 '민간 부문의 강'에서 마실 물이 점점 줄어들게 될 것입니다. 앞서 살펴본 대로 양극화는 극심해지고 승자 독식 구조는 더욱 고착화될 테니까요. 밀림에 가뭄이 들면 어떤 일이 벌어지나요? 남아 있는 작은 연못에 모든 동물들이 다 모여들게 되죠? 이처럼 로봇 시대가 오고 일자리가 사라지기 시작하면 많은 사람들이 목을 축이기 위해 '공공 부문의 강'에 모여들 겁니다. 갈증에 허덕이는 사람들에게 우리의 세금을 더 쪼개서 식수로 제공해야 합니다. 코로나19 때 각국 정부가 앞다투어 재난지원금을 나눠줬던 것처럼요.

결국, 더 많은 세금이 필요할 수밖에 없고요. 초기 로봇 시대에 경쟁에서 살아남은 사람들은 더 많은 자원을 세금으로 내야할지 모릅니다. 이미 우크라이나 전쟁 이후, 에너지 가격이 상승하자 많은 정부에서 막대한 이익을 낸 에너지 기업들을 대상으로 '횡재세' 논의를 했던 것도 이와 비슷한 맥락이라고 할 수 있겠습니다. 그래서 로봇 시대는 '세금 전쟁 시대'이기도 할 겁니다.

우리 중 누군가는 로봇 시대에서 살아남을 수도 있고, 도태될 수도 있을 것입니다. 이 명제에 동의하시나요? 정도의 차이는 있겠지만 이 중 어딘가에 내가 위치할 수 있다는 사실은 분명하죠. 그런데, 저는 이 명제를 좀 다르게 번역해보겠습니다.

"로봇 시대가 오면 우리는 모두 시간을 두고 도태될 것입니다."

만약 이 글을 읽고 계신 분들 중 일부가 로봇 시대에 살아남았다고 해도 그것은 잠시 시간을 번 것에 불과하다는 말입니다. 2016년 알파고가 세상에 이름을 알렸을 때, 많은 전문가들이 화가나 작가처럼 창의적인 활동을 하는 직업군은 로봇 시대에 살아남을 수 있을 거라는 예상을 내놓았습니다.

그런데, 불과 5년 정도 지난 시점에 이른바 생성형 AI가 나오면서 이제 AI는 그림도 그려내고, 작곡도 해냅니다. 빅데이터의 힘이죠. 아마 로봇과 인공지능 기술이 점점 발달하면 발달할수록 살아남는 분들의 수는 점점 줄어들 것입니다. 결국, 우리는 앞서 살펴본 '불쾌한 골짜기'마저 건너게 될지 모르고 이럴 경우, 시차를 두고 우리 모두 도태될 수 있습니다. 그래서 이 책의 제목도 ≪로봇 시대 살아남기≫가 아니라 ≪로봇 시대 '좀 더 오래' 살아남기≫로 바꾸는 게 좀 더 적합할지도 모르겠습니다. 남보다 좀 더 오래 살아남는 것, 당장은 좋겠지만 근본적인 해결책이 될 순 없을 것입니다.

그래서, 로봇 시대는 '함께' 살아남는 것이 중요합니다. 영화 〈타이타닉〉을 보면, 배가 충돌한 뒤 기울면서 하나둘 안전 공간을 잃은 사람들이 바다에 빠지는 장면이 나옵니다. 사람들은 서로 안전한 공간을 찾아 서로 밀치고 경쟁하며 뱃머리 꼭대기로 올라가려고 하죠. 침몰하는 배가 거의 수직에 가까워지면서 안전 공간은 점점 줄어들게 됩니다. 하지만, 이렇게 경쟁을 뚫고 간신히 뱃머리를 차지했다고 해도 이건 완전하게 살아남은 것은 아니었습니다. 레오나르도 디카프리오와 케이트 윈슬렛처럼 어렵사리 뱃머리 꼭대기를 차지했던 사람들도 결국 배가 가라앉으면서 함께 바다에 빠지고 말죠. 그래서, 배가 가라앉기 시작할 때 우리에게 필요한 것은 뱃머리 차지하기 경쟁이 아니라 미리 '함께' 탈출할 수 있는 뗏목을 만들어두는 것입니다. 설령,

뱃머리를 먼저 차지했다고 해서 먼저 바다에 빠진 사람을 보며 안도할 것이 아니라 함께 머리를 맞대고 이들을 구할 뗏목을 만들어야 하는 것입니다. 시간이 지나면 차가운 바닷물은 나에게도 차오를 수 있기 때문이죠. 더구나, 극심한 고령 사회를 맞이할 한국호는 우리 예상보다 더 빠르게 가라앉을지도 모릅니다. 이 책에서는 로봇 시대에 '좀 더 오래' 살아남기 위한 방법을 고민하는 시간을 가졌지만 그렇게 시간을 번 사이에 '함께 살아남기' 위한 대책을 마련하는 게 필요합니다.

그래서, 로봇 시대는 '정치의 시대'이기도 할 겁니다. 함께 살아남기 위한 중요한 줄기는 결국 공공 부문의 강물이 될 것인데, 우리 사회의 공적 자원 배분을 규정하는 것은 결국 정치이기 때문입니다. 극심한 양극화를 겪은 로마 시대는 통제 불능의 부작용을 겪으면서 결국 공화정을 내주고 급격한 정치체제 변화를 겪었습니다. 그리고, 결국 시민들은 자원 배분의 룰을 결정할 수 있었던 권한을 빼앗겨버렸습니다. 로봇 시대에 정치가 무너지면 시민의 삶도 무너질 수 있습니다.

그래서, 로봇 시대는 '생각의 시대'가 될 것입니다. 정치를 규정하는 것은 국민들의 여론이고, 이런 여론은 크고 작은 생각 덩어리들이 서로 부딪히고, 뭉치며 형성되기 때문입니다. 부디, 이 책이 보다 나은 미래, '함께 살아남기' 위한 미래를 준비하기 위한 작은 생각의 씨앗이 될 수 있기를 바랍니다.

주석

1부

1 김양순, "[특파원 리포트] 백 년 전 방역에 지친 미국인들이 했던 실수… '방심하지 말라'", KBS, 2021년 12월 18일 보도.

2 박세경, "제국, 전쟁, 남성성—트렌치코트와 20세기 초 영국 사회—", 영국연구 33호, 2015년, 105~146쪽.

3 역학 조사에 따르면 스페인 독감은 미국 캔자스의 하스켈 카운티에서 시작된 것으로 추정되고 있습니다. 이 지역은 인구도 적은 시골 마을로 만약 세계대전이 없었다면 전 세계적인 팬데믹으로 퍼지지는 않았을 거라는 분석도 있습니다. 미국에서 시작된 독감이 전쟁 중 면역력이 떨어진 병사들을 거쳐 전 세계로 퍼져나가기 시작했다는 거죠(이상건, "스페인 독감 이야기", 에필리아: 뇌전증과 사회 3.1, 2021년, 21~28쪽).

4 최현정, "1918년 스페인독감 한국도 740만 명 감염 14만 명 사망", 동아일보, 2005년 10월 18일 보도.

5 김택중, "1918년 독감과 조선총독부 방역정책". 인문논총 74(1), 2017년, 163~214쪽

6 이에 대해 각국 전염병 학자들의 의견을 종합해보면 크게 3가지입니다. 일단, 첫째는 걸릴 사람은 다 걸렸다는 것입니다. 당시 세계 인구가 20억 명이 채 안 되던 시절에 5억 명이 감염된 걸로 추정되거든요. 사실 제1차 세계대전이 빨리 끝난 것도 이 전염병 때문에 각국 지도자들이 서둘러 마무리했다는 주장도 있어요. 아무튼 엄청나게 많은 사람이 걸려서 이른바 집단 면역이 자연스럽게 형성됐다는 주장이죠. 그다음에 두 번째 추정이 변이 바이러스입니다. 즉, 스페인 독감도 변이를 거치면서 그 강도가 약화됐다는 거죠. 이건 지금도 시사점이 있죠. 오미크론 변이가 전염성은 강해도 강도는 상대적으로 약하다는 연구들이 나왔었습니다.

7 김은광, "사회적 거리두기, 1918년 생사 갈라. 미 필라델피아·세인트루이스의 스페인 독감 대처", 내일신문, 2020년 3월 13일 보도

8 당시 미국 뉴욕에서 시행됐던 사회적 거리두기 상황을 살펴보면 코로나19와 유사한 점이 많았습니다. 첫째 유증상자 대중교통 금지, 둘째 기업 시차근무, 셋째 전 시민 마스크 의무 착용, 넷째 교회 종교행사 중단, 다섯째 석 달간 셧다운 등이 시행됐었습니다.

9 박한선, "감염병 대응의 그림자", Future Horizon, 2020년, 34~41쪽.

10 생산가능인구가 크게 줄어들면서 구인난에 시달리고 임금 상승 압력이 높아진 사례는 과거뿐 아니라 비교적 최근에도 목격되고 있습니다. 일본의 경우 생산가능인구 감소 이후 20년 만에 인력난이 심화되어 2014년에는 실업률이 3.6%까지 낮아지기도 했습니다(이근태 외, "생산가능인구 감소 시대의 경제 성장과 노동 시장." LG경제연구원, 2017년 3월 보고서).

11 미국은 그래도 빠른 편이에요. 프랑스는 1946년에야 여성 참정권이 인정됩니다. 우리나라는 1948년에 대한민국 헌법 제정하면서 인정이 되고요. 다만 여성뿐 아니라 흑인에게 투표권이 인정된 것은 미국에서도 1966년이 되어야 가

능해집니다(중앙선거관리위원회, "역사로 살펴보는 선거권 이야기", 2017년 5월 1일 홈페이지 게재).

12 김진유, "포스트 코로나 시대 도시계획의 과제", Urban planners7(3), 2020년 7월, 11~15쪽.

13 수렵과 채집으로 살아가던 떠돌이 인류가 농사를 짓기 시작하면서 모여 살기 시작했고 이걸 '신석기 혁명' 혹은 '농업 혁명'이라고도 부르죠. 역사학자 유발 하라리는 ≪사피엔스≫라는 책에서 이런 농업 혁명이 인류 최대의 사기극이라고 비판해요. 농사에 얽매여 고된 노동을 해야 했고, 골고루 먹다가 농사짓는 것만 먹으니까 영양 불균형도 초래했다고도 주장하는데요. 이런 정착 생활은 전염병의 위험을 높였다고 지적하죠.

14 박흥식, "기후 변화, 흑사병 그리고 대전환", 역사학보 252, 2021년 12월, 93~119쪽.

15 천연두를 왜 마마라고 불렀는지는 여러 의견이 있는데요. 상감마마, 중전 마마처럼 지체가 높은 사람을 부를 때 마마라고 부르잖아요. 그만큼 천연두가 무서운 질병이라 마마라고 불렸다는 설이 있습니다.

16 여기엔 여러 학설들이 있는데요. 일단, 대표적인 게 아메리카 대륙에 제물로 바칠 커다란 가축이 없었다는 거죠. 돼지나 소 같은 게 없고 칠면조 같은 것들만 있으니까요. 미국에서 추수감사절에 아직도 칠면조 먹는 전통이 남아 있잖아요.

17 이 같은 시각에 대해 비판적인 입장도 있습니다. 서구 식민 지배 세력이 자신들의 정복을 정당화하기 위한 수단으로 현지 문화를 야만화했다는 주장입니다(유연지, "15세기 말 16세기 중남미 원주민의 카니발리즘 기록에 대한 비판적 고찰", 이화여대 석사학위 논문, 2012년.

18 코르테스는 콜럼버스랑 같이 항해를 했던 동료의 부하쯤 된다고 보시면 되겠습니다.

19 서울 여의도동의 인구가 3만 명쯤 되니까 얼마나 큰지 대충 상상이 되시죠?

20 이왕건, "인구 2천만의 메가도시, 멕시코시티", 2001년 9월, 국토 2001년 9월호. 70~76쪽.

21 당시, 유라시아 대륙과 아메리카 대륙은 서식하는 동물의 종류도 달랐고요. 접촉하는 동물이 다르다 보니까 노출되는 균도 달랐겠죠. 그래서, 유럽인들은 이미 면역이 생긴 병원균도 아메리카 원주민들 입장에서는 생전 처음 만나보는 게 되다 보니까 속절없이 죽어나갔던 거죠. 천연두뿐 아니라 홍역, 황열병 등 각종 전염병이 외부에서 유입되면서 라틴아메리카 원주민이 죽어나가기 시작합니다. 제레미 다이아몬드가 쓴 ≪총, 균, 쇠≫라는 책이 이런 맥락을 분석적으로 잘 소개하고 있죠.

22 김윤경, "16세기 아스테카 제국의 정치적 식민화: 변화인가 연속인가?", Revista Iberoamericana 24, 2013년 12월, 1~33쪽.

23 오준수, "8천만 명→1천만 명'… '인류 최대 인종학살'", 오마이뉴스, 2019년 1월 3일 보도.

24 당시 스페인의 선교사였던 바르톨로메 라스 카사스 신부는 1567년 ≪인디언 멸망에 관한 간단한 보고서≫라는 책을 출간하면서 당시 식민지 지배자들의 만행을 기록했습니다.

25 정승희, "라틴아메리카의 흑인 문화", 대한토목학회지 57.11, 2009년 11월, 93~98쪽.

26 어떤 국제법 학자는 "21세기 최고의 발명품은 인권이다" 이렇게 말하기도 합니다. 사실 제2차 세계대전 이전만 해도 인간은 국가에 딸린 부속품처럼 취급된 게 사실이거든요. 인간 개개인의 존엄성과 생명의 가치를 존중하기 시작한 역사가 그리 길지 않습니다.

27 실제로 로봇의 어원은 체코어 로보타(Robota)에서 왔다고 하는데요. 강제 노동을 의미한다고 합니다. 로봇은 노예가 맞는 거죠.

28 최저임금이 인위적으로 오르긴 했습니다만 이건 정책적인 면이 컸고요. 시장에서 정해진 임금은 아니었습니다. 오

히려, 물가가 더 가파르게 올라서 실제로 소비할 수 있는 것들은 점점 줄어들면서 실질소득은 줄어들었죠.

29 Eric Rosenbaum, "Panera is losing nearly 100% of its workers every year as fast-food turnover crisis worsens", CNBC, 2019년 8월 29일.

30 오삼일 외, "코로나19 이후 자영업 특성별 고용현황 및 평가", 한국은행 BOK 이슈노트, 2021년 6월 7일.

31 물론 정부에서 손실보상 등을 실시하긴 했지만 입은 손실에 비해서는 턱없이 부족하다는 평가가 많았고요. 국가 간 비교를 해봐도 우리나라의 자영업자들이 짊어져야 할 부담은 훨씬 더 컸습니다.

32 정영교, "코로나로 떠난 인력 메운다… 美 산업용 로봇 주문 사상 최대", 2021년 11월 14일, 중앙일보 보도.

33 윤종현 외, "대학생 취업 못지않은 '알바 대란'", 2021년 6월 23일, 강원일보 보도.

34 플랫폼 노동자는 어느 한 곳에 속해 일하는 사람이 아니라, 특정 플랫폼에서 일감을 받아 일하는 사람을 말합니다. 배달 앱이나 대리운전 앱처럼 플랫폼이 중개한 일을 수행하면서 그때그때 수입을 얻는 게 대표적인데요. 노동자로서의 지위를 인정하기 어려운 측면이 있어서 제대로 보호받지 못한다는 지적이 많았습니다.

35 구글의 딥마인드가 개발한 인공지능 바둑 프로그램 '알파고'와 이세돌 기사의 대결은 2016년 3월 9일부터 15일까지 5번에 걸쳐 이뤄졌는데요. 전체 경기에서 이세돌 9단은 4대1로 패했지만 4번째 대국에서 이세돌 9단이 180수 만에 백 불계승을 거두면서 1승을 거둬 인간의 체면을 세워줬다는 평가를 받기도 했습니다.

2부

1 지금 중국이 대만의 영토에 대해 강력한 통일 의지를 보이는 건 과거 일본에 의해 침탈당한 영토를 회복하겠다는 일종의 자존심 회복의 차원도 크다는 분석을 내놓는 전문가들이 많습니다.

2 국공 내전이라고 들어보셨죠? 중국의 국민당과 공산당이 서로 싸운 전쟁인데요. 전쟁은 3차례에 걸쳐 이뤄지게 됩니다. 일본의 침략에 맞서 항일 투쟁을 위해 두 세력이 합작을 하기도 했지만 일본이 항복한 이후인 1946년부터 계속 내전을 벌이게 되고요. 결국, 공산당이 중국 대륙에서 승리하지만 이로 인해 두 세력은 본토와 타이완 섬에 각기 다른 정부를 세웠습니다.

3 1937년 중일전쟁 당시, 중국의 수도였던 난징을 점령한 일본군이 저지른 대규모 학살사건을 의미합니다. 6주에 걸쳐, 20만 명에서 30만 명 사이의 중국인이 잔인하게 학살되고, 수만 명의 여성이 성범죄 피해를 입은 것으로 알려져 있습니다.

4 조종화 외, "동아시아 발전모델의 평가와 향후과제: 영미 모델과의 비교를 중심으로", KDI 연구보고서, 2011년 12월.

5 핑퐁 외교는 스포츠를 통해 국가 간의 관계 개선을 이룩한 대표적인 사례로 꼽힙니다. 1971년 일본 나고야에서는 세계탁구선수권대회가 열리는데요. 여기에 중국 대표단이 참석하게 됩니다. 이후, 중국은 미국 선수단을 베이징으로 공식 초청해 친선 경기를 갖게 되는데요. 냉전 시기 대립하던 미국과 중국이 스포츠 교류로 친선경기를 갖는 모습은 전 세계에 미중 관계 개선의 신호로 받아들여졌습니다. 이후, 미중은 정상회담을 계획하고 급기야 미국 닉슨 대통령과 마오쩌둥 주석의 역사적인 회담 계획까지 발표하게 되고요. 1972년 닉슨은 중국에 방문하면서 미중 관계가 새로운 전기를 맞이합니다.

6 '알카에다'는 이슬람 무장 단체로서, 소련의 아프가니스탄 침공 때 저항하던 세력이 이후 결집된 것으로 분석되고 있습니다. 아랍어로 '근본'이라는 뜻을 갖고 있으며, 이슬람 세력 확장을 위해 각국에서 무장 투쟁을 벌이다가 반미 투쟁 노선을 강조하면서 테러를 저질러 많이 알려졌습니다. 급기야 2001년에는 미국 뉴욕의 세계무역센터에 테러를 자

행했으며, 미국은 이후 테러와의 전쟁을 선포하기도 했습니다.

7 당시 오사마 빈 라덴은 아프가니스탄으로 숨어든 것으로 추정됐습니다. 실제로, 오사마 빈 라덴은 과거 아프가니스탄에서 활동했던 이슬람 무장 반군 '무자헤딘' 출신이었거든요. 자세한 이야기는 기회가 되면 다음 책에서 전해드릴게요.

8 이종성, "중국, 거침없는 초고속성장 계속 – 소비, 생산, 투자 3박자 융합돼 8%대 성장, 달러화 하락 특수까지", 프레시안, 2003년 2월 11일.

9 북한 핵 문제 해결과 한반도 비핵화를 위해 열린 다자 회담이 6자 회담입니다. 당사국은 한국, 북한, 미국, 중국, 러시아, 일본이었는데요. 2003년 8월부터 2007년 9월까지 모두 6차례 회담이 열렸습니다. 북한이 핵을 포기하는 대신 안전을 보장하고, 국제 사회의 지원을 받을 수 있게끔 노력하는 모습도 보였지만 지금은 미중 갈등이 부상하고, 신냉전 구도로 흐르면서 유명무실해졌다는 평가를 받고 있습니다.

10 왕후닝은 시진핑 시대에 이르러서는 전략가로 발탁되어 중국이 대외 정책을 설계하는 것으로 알려져 있습니다(박민희, "'중국공산당의 제갈량' 왕후닝, '중국식 유신'을 설계하다", 한겨레신문, 2020년 8월 4일 칼럼)

11 홍인표, "中 주변국과 관계개선 '소프트 파워' 꿈꾼다", 경향신문, 2008년 8월 6일.

12 2008년 9월, 미국에서 4위 규모였던 글로벌 투자은행인 리먼 브라더스가 미국 연방법원에 파산을 신청하는데요. 당시 부채 규모는 6,000억 달러 규모로, 미국 역사상 가장 큰 파산이었습니다. 당시 세계 경제에도 큰 파장을 불러왔으며, 기존의 금융 질서에 대한 비판도 일었습니다.

13 시진핑 중국 국가 주석은 2013년 6월 오바마 미국 대통령과의 첫 정상회담에서 신형대국관계를 제시했습니다. 당시 오바마 대통령은 중국은 대등한 상대가 될 수 없다며, 거부한 것으로 전해지고 있습니다(신경진, "바이든 만난 시진핑, 오바마 거부한 '신형대국관계 또 꺼냈다", 중앙일보, 2021년 11월 16일 보도).

14 중국몽은 중국이 2012년 이후에 내세우고 있는 국가 통치 이념으로, 중국의 위대한 부흥을 꿈꾼다는 것을 의미합니다. 중국이 전 세계 초강대국으로 성장하는 것을 추구합니다. 2035년에 선진국에 진입하고, 2050년에는 세계 최강 대국이 되자는 내용을 담고 있는데요. 인구 감소, 코로나19 봉쇄 등으로 인해 경제 지표가 악화되며, 중국 경제성장에 한계가 온 것이 아니냐는 회의론도 부상하고 있습니다(강현우, "인구 감소에 '세계 최강' 중국몽도 일장춘몽 되나", 한국경제, 2022년 11월 18일 보도).

15 실제로, 중국 외교관들은 거친 표현이나 행동을 일삼으며 논란을 일으키기도 했습니다(김광수, "친구가 아니면 '손가락 욕' 날리는 中 외교, 전랑외교의 민낯", 한국일보, 2021년 7월 8일 보도).

16 이헌진·김창원, "G2정상 만나는 날… 中 GDP 세계 2위 확인", 동아일보, 2011년 1월 21일 보도.

17 오바마 대통령이 아시아로 눈을 돌리게 된 데에는 '셰일 가스'의 발견도 한몫했다는 분석이 많습니다. 셰일 암석층에서 기존에 채취할 수 없었던 기름과 가스를 추출할 수 있게 되면서 미국의 에너지 생산량이 크게 늘게 되고요. 이를 통해 중동의 원유 수입 의존도가 줄어들게 되거든요. 그러면서 미국이 중동에서 동아시아 쪽으로 전략의 중심축을 옮길 수 있는 공간이 생겨날 수 있었다는 거죠.

18 사드는 높은 고도에서 적의 탄도미사일을 격추하는 방위 미사일입니다. 한미 당국은 지난 2016년 7월 사드를 주한 미국군에 배치하기로 최종 결정했고, 경북 성주를 배치 장소로 결정했습니다. 당시 중국은 우리에게 경제 보복을 가할 정도로 강하게 반발했습니다.

19 쿼드(QUAD)는 인도-태평양 지역의 4개 나라 미국, 인도, 일본, 호주가 참여하고 있는 안보 협의체입니다. 이어, 미국 주도로 3개국을 더한 쿼드 플러스까지 거론되고 있는데요. 여기엔 우리 한국도 포함돼 있습니다.

20 IPEF 참가국은 미국, 한국, 일본, 호주, 인도, 브루나이, 인도네시아, 말레이시아, 뉴질랜드, 필리핀, 싱가포르, 태국,

베트남 등 13개국입니다. 미국 주도로 만들어졌는데요, 중국이 주도하는 자유무역협정인 '역내 포괄적 경제동반자 협정(RCEP)'을 견제하기 위한 차원이라는 분석이 나오고 있습니다. 이와 관련해서는 중국 내에서도 반발이 나오고 있습니다(조준형, "中관영지, 'IPEF, 경협 덧칠한 '中 포위' 정치프레임워크'", 연합뉴스, 2022년 9월 11일 보도).

21 아시아·태평양 지역의 16개 나라를 하나로 묶는 자유무역협정인데요. 여기에는 동남아시아국가연합(ASEAN) 10개 나라, 그리고 아세안과 자유무역협정을 맺은 한국과 중국, 일본, 호주와 뉴질랜드 등이 참여했습니다. 이 국가들의 경제 규모를 합치면 전 세계 GDP의 30%가 넘고요. 대상 인구만 35억 명에 이르고 있습니다.

22 뉴욕타임스의 칼럼리스트인 토마스 프리드먼은 그의 저서 ≪렉서스와 올리브 나무≫에서 이른바, '골든 아치 이론' 을 내놓기도 했었는데요. 이 이론은 간단합니다. 골든 아치. 즉, 맥도날드를 상징하는 황금색 M자 로고가 있는 나라 들끼리는 전쟁을 하지 않는다는 이론이었어요. 세계화가 진행되고 국가 간의 협력이 늘어난 상황에서 맥도날드까 지 입점한 나라들이라면 어느 정도 경제 규모도 큰 나라일 테고, 서로 그만큼 교류도 많을 것이기 때문에 쉽게 전쟁 을 할 수 없다는 주장이었죠.

23 김상범, "LG화학 찾은 옐런 장관 "동맹국 간 '프렌드쇼어링'으로 굳건한 경제성장 이뤄야'", 경향신문, 2022년 7월 19일 보도.

24 김지은, "삼성전자, 美 텍사스에 250조 원 들여 반도체 공장 11곳 추진", 뉴시스, 2022년 7월 22일 보도.

25 물론, 공장 이전으로 인해 받게 되는 세제 혜택 같은 것들은 논외로 치고 생각해보겠습니다.

26 윤상은, "로봇 업계, 물류 로봇으로 신사업 확장", ZDNET KOREA, 2022년 10월 18일 보도.

27 송창헌, "담양군, 기초자치단체 첫 로봇 전자동화 온실 실증", 뉴시스 2022년 10월 27일 보도.

28 이수지, "2050년 인간보다 로봇이 많아진다… 세계 미래보고서 2023", 뉴시스, 2022년 10월 17일 보도(박영숙, 제 롬 글렌 외 지음, ≪세계 미래보고서 2023≫, 비즈니스북스).

3부

1 한니발이 2차 포에니 전쟁에 나선 시기는 기원전 218년인데요. 당시에는 지중해와 육로 모두 로마군이 버티고 있어 서 한니발은 로마의 허를 찌르는 전술을 생각해냅니다. 바로, 피레네 산맥과 알프스 산맥을 넘어서 공격을 하기로 결 정한 건데요. 이 과정에서 절반이 넘는 군사를 잃을 정도로 큰 피해를 입습니다. 하지만, 적은 병력으로도 뛰어난 용병 술을 발휘해서 로마의 대군을 물리치는 기록도 세우게 됩니다.

2 차전환, "포에니 전쟁: 카르타고 문명의 몰락", 서양고대사연구 35, 2013년, 77~110쪽.

3 당시 로마 사람들은 라틴어로 지금의 북아프리카 지역의 일부 원주민들을 '아프리'라고 불렀다고 합니다. 바로, 여기 에서 아프리카라는 말이 유래된 것이고요. 초기에는 북아프리카 일부 지역을 지칭하는 말이었지만 이후, 아프리카 대 륙 전체를 부르는 말로 바뀐 것입니다. 그러니까 거슬러 올라가 보면 지금의 아프리카 개념도 포에니 전쟁 이후에 생 겼다고 볼 수 있겠습니다.

4 라티푼디움은 라틴어로는 '넓은 토지'를 의미한다고 합니다. 넓게는 고대 로마 시대의 토지 소유 제도를 의미하기도 한다는데요. 정복을 통해 제국이 커지는 과정에서 로마는 이를 국유화하여 나눠주었고, 이 과정에서 소수의 귀족들이 대규모 토지 자본을 얻게 되었습니다. 라티푼디움을 지탱한 기반은 노예 노동으로 알려져 있습니다(이태호, "농업과 세계화의 역사", 생활과 농약 12월호, 2006년 11월, 6~8쪽).

5 라티푼디움에 일하는 노예들은 일반 가정의 노예보다 훨씬 더 열악한 환경에 놓여 있었다고 합니다(박정준, "'자유'를

구하여-스파르타쿠스 투쟁", 중등우리교육, 1996년, 128~131쪽.

6 물론 노예도 사람이지만 당시 노예들은 농기구나 가축처럼 하나의 생산 도구로 인식되었다고 합니다. 그러니, 지금의 관점으로 보면 로봇과 유사하다고 할 수 있습니다.

7 포에니 전쟁을 거치면서 로마의 무기도 발달하게 되는데요. 이때, 고대 로마군들이 쓰던 칼이 이름이 바로 '글라디우스'입니다. 검투사를 의미하는 글래디에이터라는 말은 '글라디우스를 다루는 사람'이라는 뜻이라고 합니다(이래주, "그리스·로마의 무기와 전술", 국방과 기술 296, 2003년 10월, 56~63쪽)

8 로마 공화정 몰락의 과정을 다룬 '폭풍 전의 폭풍'에도 이런 시각이 나타나 있으며(마이크 덩컨, ≪폭풍 전의 폭풍≫, 교유서가), KAIST의 김대식 교수도 노예 유입으로 인한 자영농의 몰락이 자연스럽게 로마 시대의 몰락을 불러왔다고 진단합니다(김대식, ≪그들은 어떻게 세상의 중심이 되었는가≫, 21세기북스).

9 한영훈, "한은 코로나 이후, 일자리 양극화 현상 심화", 아주경제, 2023년 2월 17일.

10 고려 무신 정권 시기에 신분제 타파를 외치며 공주 명학소를 중심으로 일어난 농민들의 봉기입니다. 중앙정부의 통제력이 약해지면서 고려 시대 신분 질서에 저항하는 하층민들의 민란이 자주 발생했습니다(한국민족문화대백과 '망이 망소이의 난').

11 임웅, "고대 로마의 기아와 빵 그리고 정치-공화정 후기와 원수정기를 중심으로", 역사와 담론 38, 2004년, 247~285쪽.

12 김경현, "기원전 33년의 공공서비스 사업과 옥타비아누스(Octavianus)의 문화정치", 서양고대사연구 34, 2013년, 211~214쪽.

4부

1 미래학자 마틴 포드의 인터뷰집에 실린 내용입니다(마틴 포드, ≪AI 마인드≫, 터닝포인트, 300쪽)

2 앞의 책 257쪽.

3 물론, 공교육은 노동자뿐 아니라 군인을 양성하려는 목적도 있었다고 합니다. 당시 시점에서 총이나 대포 같은 신식 무기를 다루려면 기초 지식이 필요했을 테니까요.

4 송성수, "산업혁명의 역사적 전개와 4차 산업혁명론의 위상", 과학기술학연구 17.2, 2017년, 5~40쪽.

5 우리나라에서는 바로 이 3차 산업혁명기에 네이버, 다음 같은 기업들이 생겨났죠. 그래서, 격변의 위기는 새로운 기회이기도 합니다. 하지만, 그 사이에 많은 산업과 일자리가 사라졌습니다.

6 여기에 사물 인터넷, 블록체인, 3D프린터, 드론 같은 영역도 거론되고 있죠.

7 스위스 제네바 대학의 기업정책과 교수를 지냈고요. UN개발계획(UNDP)의 부의장을 지내기도 했습니다.

8 마틴 포드, ≪AI 마인드≫, 터닝포인트, 300쪽.

9 다른 인공지능 학자들의 주장에 비해 레이 커즈와일이 다소 급진적인 의견을 내놓고는 있습니다. 하지만 레이 커즈와일은 2006년만 해도 50년 걸릴 거라고 인공지능 기술의 고도화가 2018년에는 20년 정도로 줄었다면서 자신의 주장이 옳다고 주장하고 있죠(앞의 책, 298쪽).

10 아이폰이 2007년 무렵에 출시됐으니까 성장의 배경은 어렵지 않게 짐작할 수 있겠죠.

11 남혜현, "폭스콘 노동자 또 자살… 벌써 13명", ZDNET Korea, 2011년 5월 27일 보도.

12 알렉 로스, ≪알렉 로스의 미래 산업 보고서≫, 사회평론, 69쪽.

13 이길성, "130만 명 고용 '폭스콘' 노동자 87만 명으로 줄어", 조선일보, 2018년 4월 9일 보도.

14 지난 2018년 맥킨지 글로벌연구소는 인공지능이 전 세계 생산량에 13조 달러를 추가할 것이라고 전망한 적이 있습니다. 향후 10년간 중국의 GDP에 맞먹는 새로운 부가가치를 창출해낼 거라는 전망이었죠. 하지만, 이 부가가치가 누구에게 돌아갈지도 생각해봐야겠죠?

15 물론, 콘텐츠에 따라 자막이 지원되는 데 차이가 있기는 합니다.

16 봉준호 감독은 아카데미 시상식에서 기생충 수상 소감을 이야기하면서 미국인들이 자막을 보고 다른 언어로 된 더 많은 영화를 보길 바란다는 취지로 1인치(자막 크기)의 장벽을 넘어보라는 조언을 건넨 적이 있습니다.

17 유기윤 외, ≪2050 미래사회보고서≫, RAONBOOK.

18 당시 유기윤 교수는 2030년이면 인간이 필요 없을 만큼 인공지능이 진화할 거라고 예측했었습니다. 당시 인터뷰가 궁금하시다면 관련 영상을 확인해보세요(남형석, 염규현, "[로드맨 9화] 2030년! 니가 손흥민, BTS, 김연아가 아니라면 바짝 긴장해야 하는 이유", 유튜브 엠빅뉴스).

19 ≪2050 미래사회보고서≫의 내용을 국내 언론이 가공한 자료를 다시 그려봤습니다(윤석만, "AI 불평등 '프레카리아트' 계급사회 온다", 중앙일보, 2017년 11월 4일 보도).

20 한술 더 떠 최근 1계급에 속할지 모르는 플랫폼 기업들은 2계급에 속한 엔터테인먼트 기획사에 대한 인수·합병 등을 시도하고 있습니다. 1계급과 2계급이 힘을 합치면 더욱 막강해질 수도 있겠죠?

21 불안정한 노동자 집단을 의미하는 프레카리아트는 2003년 이탈리아에서 처음 사용되기 시작했다고 전해집니다. 노동시장이 유연화되면서 소외된 노동자들을 일컫는 말이었는데, 이런 노동자들이 미래 사회엔 대세가 될 거라는 전망을 내놓은 거죠. 이어 새로운 계급의 출현에 관한 연구들이 이어지고 있습니다(박주원, "프롤레타리아트에서 프레카리아트로?: 우리 시대 프롤레타리아트에 대한 정치철학적 고찰", 현상과인식 45(1), 2001년, 55~88쪽.

22 곽윤아, '美, 3명 중 1명 '긱 노동자'… 정부 주도로 고용 안정화 나서', 서울경제, 2021년 4월 30일 보도.

23 키오스크 같은 '로봇'이 늘면서 자영업 시장엔 이미 '로봇 시대'가 도래했습니다. 그리고, 거기서 사라진 아르바이트 일자리는 플랫폼 노동으로 옮겨갔고요.

24 박효정, "재난지원금에 한우값 '꿈틀'… 차례상 비용 9.3% 올랐다", 서울경제, 2021년 9월 11일 보도.

25 앞서도 얘기했지만 공교롭게도 2016년은 알파고가 이세돌 9단과 한판 붙었던 해이기도 했네요.

26 보통, 관가에서는 직업 공무원을 '늘공(늘상 공무원)'이라고 부릅니다. 주로, 정치인들이 맡는 정무직은 '어공(어쩌다 공무원)'이라고 부르고요.

27 조일준, "핀란드, 기본소득 실험… 매달 71만 원 그냥 준다", 한겨레, 2017년 1월 3일 보도.

28 환율에 따라 평가액이 널뛰기를 하니까 원화로 정확한 금액을 적는 게 좀 어렵긴 하네요.

29 물론 연락처도 물어물어 취재해서 해결하는 경우도 많습니다.

30 바둑 경기 중계방송을 보면 인공지능이 찍은 최고의 한 수 이른바 '블루 스팟'을 보여주고요. 사람이 과연 여기에 두는지를 해설하는 게 일반적인 방식으로 자리 잡았습니다.

31 최윤식, ≪미래학자의 인공지능 시나리오≫, 코리아닷컴, 26쪽.

32 Joshua Green, "The Science Behind Those Obama Campaign E-mails", Bloomberg, 2012년 11월 30일.

33 문지연, "'힐링캠프' 김병만 생활고 고백 "희망이 보이지 않았다"", TV리포트, 2014년 1월 27일.

34 한예지, "김병만, 하다하다 스카이다이빙 날씨예보까지 '달인 그 이상의 경지'", TV데일리, 2015년 5월 17일.

35 미국에서는 존 헨리를 주제로 노래나 소설도 많이 나오기도 했고요. 웨스트버지니아 주에 가면 존 헨리 동상도 있습니다(최윤필, "존 헨리의 망치질", 한국일보, 2019년 7월 9일 보도).

36 소수정, "'닮다 만 로봇' 섬뜩한 건 본능 탓", 코메디닷컴, 2009년 10월 14일.

그림 출처

008p	9.11 테러 때 공격당한 미국 뉴욕 세계무역센터 건물 ⓒ Wikimedia
011p	도널드 트럼프 전 미국 대통령 ⓒ Wikimedia
022p	제1차 세계대전 당시 참호 ⓒ Wikimedia
024p	제1차 세계대전 당시 트렌치코트를 입은 장교 ⓒ Wikimedia
025p	제1차 세계대전 때 프랑스 참호에서 잡힌 쥐들 ⓒ Wikimedia
027p	미국 캔자스 주 포트 라일리 캠프 펀스톤 병원 병동에 수용된 스페인 독감에 걸린 병사 ⓒ Wikimedia
028p	1918년 12월 미국 적십자사가 나눠준 천 마스크를 착용한 시애틀 경찰 ⓒ Wikimedia
030p	1918년 미국 필라델피아의 리버티론 퍼레이드 장면 ⓒ Wikimedia
035p	유럽을 강타한 흑사병을 묘사한 피테르 브뤼헬의 <죽음의 승리> ⓒ Wikimedia
038p	봉건제하의 기사 수여식을 묘사한 그림 ⓒ Wikimedia
039p	그림을 통해 인간 중심의 세계관을 보여주는 라파엘로의 <아테네 학당> ⓒ Wikimedia
044p	아즈텍의 피라미드 ⓒ Wikimedia
045p	에르난 코르테스 ⓒ Wikimedia
046p	1521년 에르난 코르테스가 이끄는 스페인 군대가 테노치티틀란를 몰락시키는 것을 묘사한 그림 ⓒ Wikimedia
047p	1628년에 그려진 멕시코 시티의 조감도 ⓒ Wikimedia
048p	존 밴덜린이 그린 <콜럼버스의 상륙> ⓒ Wikimedia
049p	천연두에 걸린 원주민인 나우아족을 그린 그림 ⓒ Wikimedia
051p	프랑수아 오귀스트 비아르가 그린 <노예 무역> ⓒ Wikimedia
058p	미국 맥도날드 매장의 키오스크 ⓒ Wikimedia
059p	산업용 로봇 ⓒ Wikimedia
072p	1979년 미국을 방문한 덩샤오핑 전 중국 주석과 지미 카터 전 미국 대통령 ⓒ Wikimedia
073p	1972년 중국을 방문한 닉슨 전 미국 대통령(오른쪽)과 마오쩌둥 전 중국 주석(왼쪽) ⓒ Wikimedia
077p	테러와의 전쟁을 선언한 미국 ⓒ Wikimedia
086p	023년 중국을 방문한 필리핀 대통령(오른쪽)과 시진핑 중국 주석(왼쪽) ⓒ Wikimedia
099p	2021년 대통령 취임식에서 선서를 하는 조 바이든 미국 대통령 ⓒ Wikimedia
106p	아마존 물류 로봇 ⓒ https://www.aboutamazon.com